U0451670

大足石刻全集

第五卷
石篆山、石门山、南山石窟考古报告
下 册

大足石刻研究院 编

黎方银 主编

DAZU SHIKE
QUANJI

THE DAZU ROCK CARVINGS

Vol. V
SHIZHUANSHAN, SHIMENSHAN AND NANSHAN
Part Two

EDITED BY
ACADEMY OF DAZU ROCK CARVINGS

EDITOR IN CHIEF
LI FANGYIN

总 策 划　　郭　宜　黎方银

《大足石刻全集》学术委员会

主　　任　　丁明夷
委　　员　　丁明夷　马世长　王川平　宁　强　孙　华　杨　泓　李志荣　李崇峰
　　　　　　李裕群　李静杰　陈明光　陈悦新　杭　侃　姚崇新　郭相颖　雷玉华
　　　　　　霍　巍（以姓氏笔画为序）

《大足石刻全集》编辑委员会

主　　任　　王怀龙　黎方银
副 主 任　　郭　宜　谢晓鹏　刘贤高　郑文武
委　　员　　王怀龙　毛世福　邓启兵　刘贤高　米德昉　李小强　周　颖　郑文武
　　　　　　郭　宜　黄能迁　谢晓鹏　黎方银（以姓氏笔画为序）
主　　编　　黎方银
副 主 编　　刘贤高　邓启兵　黄能迁　谢晓鹏　郑文武

《大足石刻全集》第五卷编纂工作团队

调查记录　　黄能迁　邓启兵　赵凌飞　陈　静　郭　静
现场测绘　　周　颖　毛世福　黄能迁　邓启兵　张　强
　　　　　　吕　品　陈　杰　潘春香　余倩倩
绘　　图　　周　颖　毛世福　陈　杰　潘春香　余倩倩
图版拍摄　　郑文武（主机）　周　瑜　郭　宜　吕文成　王　远　张　跃
拓　　片　　唐长清　唐毅烈
铭文整理　　赵凌飞
资料整理　　赵凌飞　张媛媛　未小妹　李朝元
英文翻译　　姚淇琳
英文审定　　Tom Suchan　唐仲明
报告编写　　黎方银　黄能迁　邓启兵
统　　稿　　黎方银
审　　定　　丁明夷

《大足石刻全集》第五卷编辑工作团队

工作统筹　　郭　宜　郑文武
三　　审　　王怀龙　曾海龙　郭　宜
编　　辑　　郑文武　王　娟　周　瑜　王　远　吕文成
印前审读　　曾祥志
图片制作　　郑文武　周　瑜　王　远　吕文成
装帧设计　　胡靳一　郑文武
排　　版　　冉　潇　黄　淦
校　　色　　宋晓东　郑文武
校　　对　　唐联文　廖应碧　李小君　何建云　谭荷芳

总目录

第一卷　　　北山佛湾石窟第1—100号考古报告

第二卷　　　北山佛湾石窟第101—192号考古报告

第三卷　　　北山佛湾石窟第193—290号考古报告

第四卷　　　北山多宝塔考古报告

第五卷　　　石篆山、石门山、南山石窟考古报告

第六卷　　　宝顶山大佛湾石窟第1—14号考古报告

第七卷　　　宝顶山大佛湾石窟第15—32号考古报告

第八卷　　　宝顶山小佛湾及周边石窟考古报告

第九卷　　　大足石刻专论

第十卷　　　大足石刻历史图版

第十一卷　　附录及索引

GENERAL CATALOGUE

Vol. I　　　　FOWAN (NOS. 1–100), BEISHAN

Vol. II　　　　FOWAN (NOS. 101–192), BEISHAN

Vol. III　　　　FOWAN (NOS. 193–290), BEISHAN

Vol. IV　　　　DUOBAO PAGODA, BEISHAN

Vol. V　　　　SHIZHUANSHAN, SHIMENSHAN AND NANSHAN

Vol. VI　　　　DAFOWAN (NOS. 1–14), BAODINGSHAN

Vol. VII　　　　DAFOWAN (NOS. 15–32), BAODINGSHAN

Vol. VIII　　　　XIAOFOWAN AND SURROUNDING CARVINGS, BAODINGSHAN

Vol. IX　　　　COLLECTED RESEARCH PAPERS ON THE DAZU ROCK CARVINGS

Vol. X　　　　EARLY PHOTOGRAPHS OF THE DAZU ROCK CARVINGS

Vol. XI　　　　APPENDIX AND INDEX

目　录

I 摄影图版

图版 1	石篆山石窟卫星图	2
图版 2	石篆山石窟航拍图	2
图版 3	石篆山三维地形模拟图	3
图版 4	石篆山石窟子母殿远景	3
图版 5	石篆山石窟子母殿航拍图	4
图版 6	石篆山石窟子母殿西段（局部）	5
图版 7	石篆山石窟子母殿东段	5
图版 8	石篆山石窟子母殿第一岩体中段及右段	6
图版 9	石篆山石窟子母殿第一岩体左端	6
图版 10	石篆山石窟子母殿第二岩体	7
图版 11	石篆山石窟子母殿第三岩体	7
图版 12	石篆山石窟子母殿第四岩体	8
图版 13	石篆山石窟子母殿第五岩体	9
图版 14	石篆山石窟子母殿第六、七岩体（由东至西）	10
图版 15	石篆山石窟子母殿第六、七岩体（由西至东）	10
图版 16	石篆山石窟子母殿石板小道	11
图版 17	石篆山石窟子母殿第一岩体前侧条石平台	12
图版 18	石篆山石窟子母殿保护长廊	13
图版 19	石篆山石窟子母殿第七岩体左端	14
图版 20	石篆山石窟罗汉湾远景	14
图版 21	石篆山石窟罗汉湾航拍图	15
图版 22	石篆山第 1 号龛外立面	16
图版 23	石篆山第 1 号龛龛顶	16
图版 24	石篆山第 1 号龛左侧壁	17
图版 25	石篆山第 1 号龛右侧壁	17
图版 26	石篆山第 2 号龛外立面	18
图版 27	石篆山第 2 号龛龛下龙纹	19
图版 28	石篆山第 3 号龛外立面	20
图版 29	石篆山第 4 号龛外立面	21
图版 30	石篆山第 5 号龛外立面	22
图版 31	石篆山第 5 号龛龛外弧壁顶部云纹	22
图版 32	石篆山第 5 号龛左菩萨像	23
图版 33	石篆山第 5 号龛右菩萨像	24
图版 34	石篆山第 5 号龛龛外左童子像	25
图版 35	石篆山第 5 号龛龛外右童子像	26
图版 36	石篆山第 5-1 号龛外立面	27
图版 37	石篆山第 6 号龛外立面	28
图版 38	石篆山第 6 号龛龛顶	30
图版 39	石篆山第 6 号龛左壁	32
图版 40	石篆山第 6 号龛右壁	33
图版 41	石篆山第 6 号龛主尊像	34
图版 42	石篆山第 6 号龛左侧内起第 1 身弟子像	35
图版 43	石篆山第 6 号龛左侧内起第 2 身弟子像	36
图版 44	石篆山第 6 号龛左侧内起第 3 身弟子像	37
图版 45	石篆山第 6 号龛左侧内起第 4 身弟子像	38
图版 46	石篆山第 6 号龛左侧内起第 5 身弟子像	39
图版 47	石篆山第 6 号龛右侧内起第 1 身弟子像	40
图版 48	石篆山第 6 号龛右侧内起第 2 身弟子像	41
图版 49	石篆山第 6 号龛右侧内起第 3 身弟子像	42
图版 50	石篆山第 6 号龛右侧内起第 4 身弟子像	43
图版 51	石篆山第 6 号龛右侧内起第 5 身弟子像	44
图版 52	石篆山第 6 号龛龛外左护法神像	45
图版 53	石篆山第 6 号龛龛外右护法神像	45
图版 54	石篆山第 7 号龛外立面	46
图版 55	石篆山第 7 号龛龛顶	48
图版 56	石篆山第 7 号龛左侧壁	50
图版 57	石篆山第 7 号龛右侧壁	51
图版 58	石篆山第 7 号龛正壁中佛像	52
图版 59	石篆山第 7 号龛正壁左佛像	53
图版 60	石篆山第 7 号龛正壁右佛像	54
图版 61	石篆山第 7 号龛正壁左供养菩萨像	55
图版 62	石篆山第 7 号龛正壁右供养菩萨像	56
图版 63	石篆山第 7 号龛正壁中佛像左侧内起第 1 身弟子像	57
图版 64	石篆山第 7 号龛正壁中佛像左侧内起第 2 身弟子像	58
图版 65	石篆山第 7 号龛正壁中佛像左侧内起第 3 身弟子像	59
图版 66	石篆山第 7 号龛正壁中佛像左侧内起第 4 身弟子像	60
图版 67	石篆山第 7 号龛正壁中佛像左侧内起第 5 身弟子像	61
图版 68	石篆山第 7 号龛正壁中佛像右侧内起第 1 身弟子像	62
图版 69	石篆山第 7 号龛正壁中佛像右侧内起第 2 身弟子像	63
图版 70	石篆山第 7 号龛正壁中佛像右侧内起第 3 身弟子像	64
图版 71	石篆山第 7 号龛正壁中佛像右侧内起第 4 身弟子像	65
图版 72	石篆山第 7 号龛正壁中佛像右侧内起第 5 身弟子像	66
图版 73	石篆山第 7 号龛左供养人像	67
图版 74	石篆山第 7 号龛右供养人像	68
图版 75	石篆山第 7 号龛左侧龛柱	69
图版 76	石篆山第 7 号龛右侧龛柱	69
图版 77	石篆山第 7 号龛外左侧平整面力士像	70
图版 78	石篆山第 7 号龛外右侧平整面力士像	71
图版 79	石篆山第 8 号龛外立面	72
图版 80	石篆山第 8 号龛龛顶	74

图版 81	石篆山第 8 号龛左侧壁	76
图版 82	石篆山第 8 号龛右侧壁	77
图版 83	石篆山第 8 号龛主尊像	78
图版 84	石篆山第 8 号龛主尊左侧内起第 1 身法师像	79
图版 85	石篆山第 8 号龛主尊左侧内起第 2 身真人像	80
图版 86	石篆山第 8 号龛主尊左侧内起第 3 身真人像	81
图版 87	石篆山第 8 号龛主尊左侧内起第 4 身真人像	82
图版 88	石篆山第 8 号龛主尊左侧内起第 5 身真人像	83
图版 89	石篆山第 8 号龛主尊左侧内起第 6 身真人像	84
图版 90	石篆山第 8 号龛主尊左侧内起第 7 身真人像	85
图版 91	石篆山第 8 号龛主尊右侧内起第 1 身法师像	86
图版 92	石篆山第 8 号龛主尊右侧内起第 2 身真人像	87
图版 93	石篆山第 8 号龛主尊右侧内起第 3 身真人像	88
图版 94	石篆山第 8 号龛主尊右侧内起第 4 身真人像	89
图版 95	石篆山第 8 号龛主尊右侧内起第 5 身真人像	90
图版 96	石篆山第 8 号龛主尊右侧内起第 6 身真人像	91
图版 97	石篆山第 8 号龛主尊右侧内起第 7 身真人像	92
图版 98	石篆山第 8 号龛龛外左护法像	93
图版 99	石篆山第 8 号龛龛外右护法像	93
图版 100	石篆山第 9 号龛外立面	94
图版 101	石篆山第 9 号龛龛顶	96
图版 102	石篆山第 9 号龛左侧壁	98
图版 103	石篆山第 9 号龛右侧壁	99
图版 104	石篆山第 9 号龛主尊及侍者像	100
图版 105	石篆山第 9 号龛主尊左侧内起第 1 身坐像及侍者像	101
图版 106	石篆山第 9 号龛主尊左侧内起第 2 身坐像及侍者像	102
图版 107	石篆山第 9 号龛主尊左侧内起第 3 身坐像及侍者像	103
图版 108	石篆山第 9 号龛主尊左侧内起第 4 身坐像及侍者像	104
图版 109	石篆山第 9 号龛主尊左侧内起第 5 身坐像及侍者像	105
图版 110	石篆山第 9 号龛主尊右侧内起第 1 身坐像及侍者像	106
图版 111	石篆山第 9 号龛主尊右侧内起第 2 身坐像及侍者像	107
图版 112	石篆山第 9 号龛主尊右侧内起第 3 身坐像及侍者像	108
图版 113	石篆山第 9 号龛主尊右侧内起第 4 身坐像及侍者像	109
图版 114	石篆山第 9 号龛主尊右侧内起第 5 身坐像及侍者像	110
图版 115	石篆山第 9 号龛左侧壁外侧二立像	111
图版 116	石篆山第 9 号龛右侧壁外侧二立像	111
图版 117	石篆山第 9 号龛龛外左护法像	112
图版 118	石篆山第 9 号龛龛外右护法像	113
图版 119	石篆山第 10 号龛外立面	114
图版 120	石篆山第 10 号龛正壁板门	116
图版 121	石篆山第 10 号龛正壁板门左侧立像	117
图版 122	石篆山第 10 号龛正壁板门右侧二立像	118
图版 123	石篆山第 10 号龛左壁	119
图版 124	石篆山第 11 号龛外立面	120

图版 125	石篆山第 11 号龛左侧壁	122
图版 126	石篆山第 11 号龛右侧壁	123
图版 127	石篆山第 11 号龛龛外左护法神像	124
图版 128	石篆山第 11 号龛龛外右护法神像	125
图版 129	石篆山第 12 号龛外立面	126
图版 130	石篆山第 13 号龛外立面	127
图版 131	石篆山第 13 号龛左侧壁	128
图版 132	石门山石窟卫星图	129
图版 133	石门山石窟航拍图	129
图版 134	石门山三维地形模拟图	130
图版 135	石门山石窟进口门厅	131
图版 136	石门山石窟圣府洞寺	131
图版 137	石门山石窟管理用房及休憩廊亭	132
图版 138	石门山石窟东侧、西侧、南侧岩体（局部）	133
图版 139	石门山石窟西侧岩体与南侧岩体间巷道（由东至西）	134
图版 140	石门山石窟西侧岩体与南侧岩体间巷道（由西至东）	135
图版 141	石门山石窟西侧岩体与南侧岩体间巷道顶部券拱	136
图版 142	石门山石窟东侧岩体南面	137
图版 143	石门山石窟东侧岩体北面	137
图版 144	石门山石窟西侧岩体东北向壁面	138
图版 145	石门山石窟西侧岩体东南向壁面	138
图版 146	石门山石窟南侧独立岩体东向壁面	139
图版 147	石门山石窟南侧独立岩体南向壁面	139
图版 148	石门山石窟南侧独立岩体西向壁面	140
图版 149	石门山石窟南侧独立岩体北向壁面	140
图版 150	石门山第 1 号龛外立面	141
图版 151	石门山第 1 号龛上部造像	142
图版 152	石门山第 1 号龛主尊左侧造像	143
图版 153	石门山第 1 号龛主尊右侧造像	144
图版 154	石门山第 1 号龛低坛神将像	145
图版 155	石门山第 1 号龛低坛左侧神将像	145
图版 156	石门山第 1 号龛低坛右侧神将像	145
图版 157	石门山第 2 号龛外立面	146
图版 158	石门山第 2 号龛龛内造像	147
图版 159	石门山第 2 号龛龛外弧壁左神将像	148
图版 160	石门山第 2 号龛龛外弧壁右神将像	149
图版 161	石门山第 2 号龛龛外弧壁左下侧立式男像	150
图版 162	石门山第 3 号龛外立面	151
图版 163	石门山第 3 号龛女供养人像	152
图版 164	石门山第 3 号龛第一重龛口外右侧圆拱龛造像	153
图版 165	石门山第 4 号龛外立面	154
图版 166	石门山第 4 号龛主尊像山石座下部蹲兽	155
图版 167	石门山第 4 号龛主尊像山石座右下侧	156
图版 168	石门山第 4 号龛左侧侍女像	157

图版169	石门山第4号龛左飞天像	158
图版170	石门山第4号龛右飞天像	159
图版171	石门山第5号龛外立面	160
图版172	石门山第5-1号龛外立面	161
图版173	石门山第6号窟外立面	162
图版174	石门山第6号窟窟顶	164
图版175	石门山第6号窟正壁	165
图版176	石门山第6号窟窟顶覆莲	166
图版177	石门山第6号窟正壁左菩萨像	167
图版178	石门山第6号窟正壁左菩萨像须弥座蹲狮	168
图版179	石门山第6号窟正壁右菩萨像	169
图版180	石门山第6号窟左壁	170
图版181	石门山第6号窟左壁内起第1身像	172
图版182	石门山第6号窟左壁内起第2身像	173
图版183	石门山第6号窟左壁内起第3身像	174
图版184	石门山第6号窟左壁内起第4身像	175
图版185	石门山第6号窟左壁内起第5身像	176
图版186	石门山第6号窟左壁内起第5身菩萨半身像	177
图版187	石门山第6号窟左壁内起第6身像	178
图版188	石门山第6号窟左壁内起第7身像	179
图版189	石门山第6号窟右壁	180
图版190	石门山第6号窟右壁内起第1身像	182
图版191	石门山第6号窟右壁内起第2身像	183
图版192	石门山第6号窟右壁内起第3身像	184
图版193	石门山第6号窟右壁内起第4身像	185
图版194	石门山第6号窟右壁内起第5身像	186
图版195	石门山第6号窟右壁内起第6身像	187
图版196	石门山第6号窟右壁内起第7身像	188
图版197	石门山第6号窟窟底	189
图版198	石门山第6号窟窟外左起第1身天王像	190
图版199	石门山第6号窟窟外左起第2身天王像	191
图版200	石门山第6号窟窟外左起第3身天王像	192
图版201	石门山第6号窟窟外左起第4身天王像	193
图版202	石门山第7号龛外立面	194
图版203	石门山第8号窟外立面	195
图版204	石门山第8号窟窟顶	196
图版205	石门山第8号窟中心柱正面	198
图版206	石门山第8号窟窟壁顶部左外侧	199
图版207	石门山第8号窟窟壁顶部内侧左起第2身罗汉像	200
图版208	石门山第8号窟窟壁顶部内侧左起第5身罗汉像	200
图版209	石门山第8号窟窟壁顶部内侧左起第7身罗汉像	201
图版210	石门山第8号窟窟壁顶部内侧左起第8身罗汉像	201
图版211	石门山第8号窟正壁左侧造像	202
图版212	石门山第8号窟正壁右侧造像	203

图版213	石门山第8号窟正壁第3、4像	204
图版214	石门山第8号窟正壁第7像右侧龙	205
图版215	石门山第8号窟左壁	206
图版216	石门山第8号窟左壁第1—3像	207
图版217	石门山第8号窟左壁第9像及建筑	208
图版218	石门山第8号窟右壁	209
图版219	石门山第8号窟右壁第1—3像	210
图版220	石门山第8号窟右壁底部建筑	211
图版221	石门山第8-1号龛外立面	212
图版222	石门山第9号龛外立面	213
图版223	石门山第9号龛女侍像	214
图版224	石门山第10号窟外立面	215
图版225	石门山第10号窟窟顶	216
图版226	石门山第10号窟正壁	217
图版227	石门山第10号窟正壁中主尊像	218
图版228	石门山第10号窟正壁左主尊左上方立像	219
图版229	石门山第10号窟左侧壁	220
图版230	石门山第10号窟左侧壁左起第1身立像	222
图版231	石门山第10号窟左侧壁左起第2身立像	223
图版232	石门山第10号窟左侧壁左起第3身立像	224
图版233	石门山第10号窟左侧壁左起第4身立像	225
图版234	石门山第10号窟左侧壁左起第5身立像	226
图版235	石门山第10号窟左侧壁左起第6身立像	227
图版236	石门山第10号窟左侧壁左起第7身立像	228
图版237	石门山第10号窟左侧壁上部左起第1组云台造像	229
图版238	石门山第10号窟左侧壁上部左起第2组云台造像	229
图版239	石门山第10号窟左侧壁上部左起第3组云台造像	230
图版240	石门山第10号窟左侧壁上部左起第4组云台造像	230
图版241	石门山第10号窟左侧壁上部最右端坐像	231
图版242	石门山第10号窟右侧壁	232
图版243	石门山第10号窟右侧壁右起第1身立像	234
图版244	石门山第10号窟右侧壁右起第2身立像	235
图版245	石门山第10号窟右侧壁右起第3身立像	236
图版246	石门山第10号窟右侧壁右起第4身像	237
图版247	石门山第10号窟右侧壁右起第5身立像	238
图版248	石门山第10号窟右侧壁右起第6身立像	239
图版249	石门山第10号窟右侧壁右起第7身立像	240
图版250	石门山第10号窟右侧壁右起第8身立像	241
图版251	石门山第11号龛外立面	242
图版252	石门山第11号龛主尊及侍者像	243
图版253	石门山第11号龛下部第1组造像	244
图版254	石门山第11号龛下部第2组造像	245
图版255	石门山第11-1号龛外立面	246
图版256	石门山第13号龛外立面	247

图版 257	石门山第 13-1 号龛外立面	247
图版 258	石门山第 13-2 号龛外立面	248
图版 259	南山石窟卫星图	249
图版 260	南山石窟航拍图	249
图版 261	南山三维地形模拟图	250
图版 262	南山石窟远景	250
图版 263	南山石窟西南侧至石窟区石板路及围墙	251
图版 264	南山石窟西北向崖壁	252
图版 265	南山石窟西南向崖壁	252
图版 266	南山石窟南向崖壁及建筑（由西向东）	253
图版 267	南山石窟东南向崖壁及建筑（由东向西）	253
图版 268	南山石窟西面石板小道	254
图版 269	南山石窟三清殿	255
图版 270	南山石窟玉皇殿	255
图版 271	南山石窟太清亭	256
图版 272	南山石窟碑廊	256
图版 273	南山石窟门厅与石窟间的石阶	257
图版 274	南山第 1 号龛外立面	258
图版 275	南山第 1 号龛龛顶	259
图版 276	南山第 1 号龛左侧壁立像	260
图版 277	南山第 1 号龛右侧壁立像	261
图版 278	南山第 2 号窟外立面	262
图版 279	南山第 2 号窟窟顶	263
图版 280	南山第 2-1 号龛外立面	264
图版 281	南山第 3-1 号龛外立面	265
图版 282	南山第 4 号龛外立面	266
图版 283	南山第 4 号龛正壁中主尊像	267
图版 284	南山第 4 号龛正壁左主尊像	268
图版 285	南山第 4 号龛正壁右主尊像	269
图版 286	南山第 4 号龛左壁	270
图版 287	南山第 4 号龛右壁	271
图版 288	南山第 5 号窟外立面	272
图版 289	南山第 5 号窟巷道（由东至西）	274
图版 290	南山第 5 号窟巷道（由西至东）	275
图版 291	南山第 5 号窟窟顶左侧	276
图版 292	南山第 5 号窟窟顶右侧	276
图版 293	南山第 5 号窟左龙柱	277
图版 294	南山第 5 号窟右龙柱	277
图版 295	南山第 5 号窟方柱正面	278
图版 296	南山第 5 号窟方柱正面方龛上部正壁	279
图版 297	南山第 5 号窟方柱正面方龛上部正壁左侍者（后像）及身后楼阁	280
图版 298	南山第 5 号窟方柱正面方龛上部正壁右侍者（后像）及身后楼阁	281

图版 299	南山第 5 号窟方柱正面方龛上部左壁	282
图版 300	南山第 5 号窟方柱正面方龛上部左壁飞天像	283
图版 301	南山第 5 号窟方柱正面方龛上部右壁	284
图版 302	南山第 5 号窟方柱正面方龛上部右壁飞天像	285
图版 303	南山第 5 号窟方柱正面方龛下部造像	286
图版 304	南山第 5 号窟方柱正面方龛下部左壁内起第 1 像	288
图版 305	南山第 5 号窟方柱正面方龛下部左壁内起第 2 像	289
图版 306	南山第 5 号窟方柱正面方龛下部右壁内起第 1 像	290
图版 307	南山第 5 号窟方柱正面方龛下部右壁内起第 2 像	291
图版 308	南山第 5 号窟方柱正面方龛左沿	292
图版 309	南山第 5 号窟方柱正面方龛右沿	292
图版 310	南山第 5 号窟方柱左壁面	293
图版 311	南山第 5 号窟方柱左壁面上组造像	294
图版 312	南山第 5 号窟方柱左壁面下组造像	296
图版 313	南山第 5 号窟左壁前端圆环造像	297
图版 314	南山第 5 号窟右壁前端圆环造像	297
图版 315	南山第 5 号窟左壁前端上起第 1 圆环	298
图版 316	南山第 5 号窟左壁前端上起第 2 圆环	298
图版 317	南山第 5 号窟左壁前端上起第 3 圆环	299
图版 318	南山第 5 号窟左壁前端上起第 4 圆环	299
图版 319	南山第 5 号窟左壁前端上起第 5 圆环	300
图版 320	南山第 5 号窟左壁前端上起第 6 圆环	300
图版 321	南山第 5 号窟右壁前端上起第 1 圆环	301
图版 322	南山第 5 号窟右壁前端上起第 2 圆环	301
图版 323	南山第 5 号窟右壁前端上起第 3 圆环	302
图版 324	南山第 5 号窟右壁前端上起第 4 圆环	302
图版 325	南山第 5 号窟右壁前端上起第 5 圆环	303
图版 326	南山第 5 号窟右壁前端上起第 6 圆环	303
图版 327	南山第 5 号窟左壁	304
图版 328	南山第 5 号窟正壁左侧	305
图版 329	南山第 5 号窟左壁内侧及正壁左侧第 5 排外起第 4 像	306
图版 330	南山第 5 号窟左壁内侧及正壁左侧第 5 排外起第 5 像	306
图版 331	南山第 5 号窟左壁内侧及正壁左侧第 6 排外起第 5 像	307
图版 332	南山第 5 号窟左壁内侧及正壁左侧第 6 排外起第 6 像	307
图版 333	南山第 5 号窟右壁	308
图版 334	南山第 5 号窟正壁右侧	309
图版 335	南山第 5 号窟右壁内侧及正壁右侧第 5 排外起第 2 像	310
图版 336	南山第 5 号窟右壁内侧及正壁右侧第 5 排外起第 6 像	310
图版 337	南山第 5-1 号龛外立面	311
图版 338	南山第 6 号龛外立面	312
图版 339	南山第 6 号龛左主尊像	314
图版 340	南山第 6 号龛右主尊像	314
图版 341	南山第 6 号龛上层左侧 3 身立像	315
图版 342	南山第 6 号龛上层右侧立像	315

图版 343	南山第 6 号龛中层左侧内起第 2 像 ············ 316
图版 344	南山第 6 号龛中层左侧内起第 3—5 像 ·········· 317
图版 345	南山第 6 号龛中层右侧内起第 2 像 ············ 318
图版 346	南山第 6 号龛中层右侧内起第 3—6 像 ·········· 319
图版 347	南山第 6-1 号龛外立面 ···················· 320
图版 348	南山第 8-1 号龛外立面 ···················· 320
图版 349	南山第 15 号龛外立面 ····················· 321
图版 350	石篆山佛会寺远景 ························ 322
图版 351	石篆山佛会寺航拍图 ······················ 322
图版 352	石篆山佛会寺山门遗址 ···················· 323
图版 353	石篆山佛会寺中殿 ························ 324
图版 354	石篆山佛会寺后殿 ························ 324
图版 355	石篆山佛会之塔东南面 ···················· 325
图版 356	石篆山佛会之塔东北面 ···················· 326
图版 357	石篆山佛会之塔西南面 ···················· 327
图版 358	石篆山佛会之塔西北面 ···················· 328
图版 359	石篆山佛会之塔塔基（局部） ·············· 329
图版 360	石篆山佛会之塔第二级塔身正面（东南）浅龛外立面 ··· 330
图版 361	石篆山佛会之塔第二级塔身东北面造像 ·········· 331
图版 362	石篆山佛会之塔第二级塔身西南面造像 ·········· 332
图版 363	石篆山佛会之塔第二级塔身西北面造像 ·········· 333
图版 364	石篆山佛会之塔第三级塔身底部平座勾栏造像（局部）··· 334
图版 365	石篆山佛会之塔第三级塔身造像（局部） ·········· 334
图版 366	石篆山佛会寺第 1 号龛外立面 ················ 335
图版 367	石篆山佛会寺第 4 号龛外立面 ················ 336
图版 368	石篆山佛会寺古寨东寨门 ·················· 337
图版 369	石篆山佛会寺古寨北寨门及寨墙 ·············· 337
图版 370	石篆山子母殿西第 3 号外立面 ················ 338
图版 371	石篆山子母殿西第 4 号外立面 ················ 339
图版 372	石门山石窟区内南侧石柱 ·················· 340
图版 373	石门山石窟区内东侧石柱 ·················· 340
图版 374	石门山石窟区内香炉 ······················ 341
图版 375	石门山圣府洞寺大殿第 1 号窟外立面 ············ 342
图版 376	石门山圣府洞寺大殿第 2 号龛外立面 ············ 343

II 铭文图版

图版 1	石篆山第 1 号龛李□发装彩镌记 ················ 346
图版 2	石篆山第 2 号龛文惟简镌志公和尚龛镌记 ·········· 347
图版 3	石篆山第 5 号龛文惟简镌文殊普贤龛镌记 ·········· 348
图版 4	石篆山第 6 号龛主尊像题名 ·················· 348
图版 5	石篆山第 6 号龛左第 1 身弟子像题名 ············ 349
图版 6	石篆山第 6 号龛左第 2 身弟子像题名 ············ 349
图版 7	石篆山第 6 号龛左第 3 身弟子像题名 ············ 350
图版 8	石篆山第 6 号龛左第 4 身弟子像题名 ············ 350
图版 9	石篆山第 6 号龛左第 5 身弟子像题名 ············ 351
图版 10	石篆山第 6 号龛右第 1 身弟子像题名 ············ 351
图版 11	石篆山第 6 号龛右第 2 身弟子像题名 ············ 352
图版 12	石篆山第 6 号龛右第 3 身弟子像题名 ············ 352
图版 13	石篆山第 6 号龛右第 4 身弟子像题名 ············ 353
图版 14	石篆山第 6 号龛右第 5 身弟子像题名 ············ 353
图版 15	石篆山第 6 号龛功德主严逊及匠师文惟简镌像记 ······ 354
图版 16	石篆山第 6 号龛外左碑碑阳刘纯斋撰修治庙貌神龛记碑 ··· 355
图版 17	石篆山第 6 号龛外左碑碑阴县正堂示禁碑 ·········· 355
图版 18	石篆山第 6 号龛外右侧功德碑 ················ 356
图版 19	石篆山第 7 号龛中佛像左侧内起第 3 身弟子像题名 ···· 356
图版 20	石篆山第 7 号龛中佛像左侧内起第 4 身弟子像题名 ···· 357
图版 21	石篆山第 7 号龛中佛像左侧内起第 5 身弟子像题名 ···· 357
图版 22	石篆山第 7 号龛中佛像右侧内起第 3 身弟子像题名 ···· 357
图版 23	石篆山第 7 号龛中佛像右侧内起第 4 身弟子像题名 ···· 358
图版 24	石篆山第 7 号龛中佛像右侧内起第 5 身弟子像题名 ···· 358
图版 25	石篆山第 7 号龛左侧龛柱戊辰年修水陆斋题记 ······ 359
图版 26	石篆山第 7 号龛右侧龛柱文惟简镌像记 ············ 360
图版 27	石篆山第 8 号龛主尊像题名 ·················· 361
图版 28	石篆山第 8 号龛左第 1 身像题名 ················ 361
图版 29	石篆山第 8 号龛左第 2 身像题名 ················ 361
图版 30	石篆山第 8 号龛左第 3 身像题名 ················ 361
图版 31	石篆山第 8 号龛左第 4 身像题名 ················ 362
图版 32	石篆山第 8 号龛左第 5 身像题名 ················ 362
图版 33	石篆山第 8 号龛右第 1 身像题名 ················ 363
图版 34	石篆山第 8 号龛右第 2 身像题名 ················ 363
图版 35	石篆山第 8 号龛右第 3 身像题名 ················ 364
图版 36	石篆山第 8 号龛右第 4 身像题名 ················ 364
图版 37	石篆山第 8 号龛右第 5 身像题名 ················ 365
图版 38	石篆山第 8 号龛右第 6 身像题名 ················ 365
图版 39	石篆山第 8 号龛右第 7 身像题名 ················ 366
图版 40	石篆山第 8 号龛外右护法像题名 ················ 366
图版 41	石篆山第 8 号龛佚名镌太上老君龛残记 ············ 367
图版 42	石篆山第 9 号龛文惟简镌地藏十王龛造像记 ········ 368

图版 43	石篆山第 11 号龛文惟简镌像题名	369
图版 44	石篆山第 12 号龛僧希昼书严逊记碑	370
图版 45	石门山第 1 号龛蹇忠进镌像记	371
图版 46	石门山第 1 号龛培修残记	371
图版 47	石门山第 2 号龛左神将像题名	372
图版 48	石门山第 2 号龛右神将像题名	372
图版 49	石门山第 2 号龛杨伯高造杨文忻真容像镌记	373
图版 50	石门山第 2 号龛杨伯高造二神将像镌记	373
图版 51	石门山第 2 号龛外众姓同立装塑玉皇碑记	374
图版 52	石门山第 3 号龛赵氏一娘子镌释迦佛龛记及匠师题名	375
图版 53	石门山第 4 号龛僧法顺镌水月观音龛记	376
图版 54	石门山第 5 号龛赵维元捐刻阿弥陀佛龛镌记	377
图版 55	石门山第 5-1 号龛题名	377
图版 56	石门山第 6 号窟正壁左侧菩萨像佚名造正法明王观音像镌记	378
图版 57	石门山第 6 号窟正壁右侧菩萨像杨作安造大势至菩萨镌记	378
图版 58	石门山第 6 号窟左壁内起第 1 像岑忠用造十圣观音洞镌记	379
图版 59	石门山第 6 号窟左壁内起第 3 像岑忠志造宝蓝手观音镌记	380
图版 60	石门山第 6 号窟左壁内起第 4 像岑忠用造宝经手观音镌记	381
图版 61	石门山第 6 号窟左壁内起第 5 像岑忠信造宝扇手观音镌记	382
图版 62	石门山第 6 号窟左壁内起第 6 像庞休造甘露玉观音镌记	383
图版 63	石门山第 6 号窟左壁内起第 7 像侯惟正造善财功德像镌记	384
图版 64	石门山第 6 号窟右壁内起第 2 像甄典□造宝莲手观音镌记	384
图版 65	石门山第 6 号窟右壁内起第 3 像赵勤典造宝镜观音镌记	385
图版 66	石门山第 6 号窟右壁内起第 4 像陈充造莲花手观音镌记	385
图版 67	石门山第 6 号窟右壁内起第 5 像庞师上造如意轮观音镌记	386
图版 68	石门山第 6 号窟右壁内起第 6 像侯良造数珠手观音镌记	386
图版 69	石门山第 6 号窟右壁内起第 7 像谢继隆造献珠龙女镌记	387
图版 70	石门山第 6 号窟口上方募化装塑佛菩萨像镌记	388
图版 71	石门山第 8-2 号龛达荣修理功字镌记	388
图版 72	石门山第 11-1 号龛宋以道书"圣府洞"题刻	389
图版 73	石门山第 12 号龛邓柽纪行诗碑	390
图版 73-1	邓柽纪行诗碑 A 组碑文	391
图版 73-2	邓柽纪行诗碑 B 组碑文	392
图版 73-3	邓柽纪行诗碑 C 组碑文	393
图版 74	石门山第 12-1 号龛僧宏济装塑韦驮金身记碑	394
图版 75	石门山第 12-2 号龛但道玄撰建修劝修善所叙碑	395
图版 76	石门山第 12-3 号龛"杏林宫"题刻	396
图版 77	石门山第 13 号龛僧弘明立道众小引碑	397
图版 78	石门山第 13-1 号龛杨才友造山王龛镌记及匠师镌名	398
图版 79	石门山第 13-1 号龛杨才友修斋庆赞记	398
图版 80	石门山第 13-1 号龛佚名立重□荡荡碑	399
图版 81	石门山第 13-1 号龛张子华等重修大殿记碑	400
图版 82	石门山第 13-2 号龛文惟一题名镌记	401
图版 83	南山第 1 号龛王伯富造真武龛香炉镌记	401
图版 84	南山第 2 号窟正壁王德嘉隶书碑	402
图版 85	南山第 2 号窟左壁张澍重游南山诗并跋	402
图版 86	南山第 2 号窟右壁张澍重九日偕友登高记	403
图版 86-1	张澍重九日偕友登高记 A 组碑文	404
图版 86-2	张澍重九日偕友登高记 B 组碑文	405
图版 86-3	张澍重九日偕友登高记 C 组碑文	406
图版 87	南山第 3 号张澍书"蓊然云起"题刻	407
图版 88	南山第 4 号龛题刻	408
图版 89	南山第 4 号龛题刻	408
图版 90	南山第 4 号龛外右侧梅亭诗	409
图版 91	南山第 5 号窟中心柱"三清古洞"题刻	409
图版 92	南山第 5 号窟中心柱正面方何正言凿三清古洞镌记	410
图版 93	南山第 5 号窟中心柱正面方龛何正言凿三清古洞镌记	410
图版 94	南山第 5 号窟外左侧壁中部吕元锡游南山诗并跋及佚名和吕元锡诗	411
图版 95	南山第 5 号窟外左侧壁中部张宗彦题七言诗	411
图版 96	南山第 5 号窟外左侧壁中部何格非和张宗彦诗	412
图版 97	南山第 5 号窟外左侧壁中部邓早阅辛酉岁张、何二公诗跋	412
图版 98	南山第 5 号窟外右侧壁面何光震钱郡守王梦应记碑	413
图版 98-1	何光震钱郡守王梦应记碑 A 组碑文	414
图版 98-2	何光震钱郡守王梦应记碑 B 组碑文	415
图版 99	南山第 5 号窟外右侧樊允季领客避暑终日题记	416
图版 100	南山第 5 号窟外右侧壁县正堂桂示禁碑	416
图版 101	南山第 5 号窟口左内侧吕元锡挈家寻仙追凉题记	417
图版 102	南山第 5 号窟口左内侧残记	417
图版 103	南山第 5 号窟口右侧梁当之等避暑南山题记	418
图版 104	南山第 5 号窟口右侧曹伟卿游南山记	418
图版 105	南山第 5 号窟口右侧唐子俊装修玉皇古洞天尊碑记	419
图版 106	南山第 5 号窟门右后侧陈伯疆冬至日飨先考题记	420
图版 107	南山第 5 号窟内左龙柱玉皇观置田产契约碑	421
图版 108	南山第 5 号窟内中心柱左侧壁陈及之省坟莓溪过南山题记	421
图版 109	南山第 5 号窟内中心柱右侧壁王德嘉行书碑	422

图版 110	南山第 6 号龛赵□可题记	423
图版 111	南山第 7 号龛杨顺祀书"福寿"题刻	423
图版 112	南山第 8 号龛张澍题"辰秀太清"题刻	424
图版 113	南山第 9 号龛王德嘉步吕张二公留题原韵诗	424
图版 114	南山第 10 号龛王德铭临山谷道人书后汉诗三篇	425
图版 115	南山第 10-1 号龛"福"字碑	425
图版 116	南山第 11 号龛"寿"字碑	426
图版 117	南山第 12 号龛广国元楹联题刻	426
图版 118	南山第 13 号龛王德嘉书"绝尘"题刻	427
图版 119	南山第 14 号龛刘灼先撰楹联题刻	427
图版 120	石篆山佛会寺警人损动诸尊像及折伐龛塔前后松柏栽培记碑	428
图版 120-1	石篆山佛会寺警人损动诸尊像及折伐龛塔前后松柏栽培记碑 A 组碑文	429
图版 120-2	石篆山佛会寺警人损动诸尊像及折伐龛塔前后松柏栽培记碑 B 组碑文	430
图版 121	石篆山佛会寺述思古迹记碑	431
图版 122	石篆山"佛会之塔"塔名题刻	432
图版 123	石篆山佛会之塔第一级塔身僧志容装彩观音等像镌记	432
图版 124	石篆山佛会之塔残记	433
图版 125	石篆山寺第 1 号龛吴三五题名右侧镌记	433
图版 126	石篆山寺第 1 号龛吴三五题名左侧镌记	434
图版 127	石篆山寺第 2 号佛会寺上觉下朗拾镌记	435
图版 128	石篆山寺第 3 号僧神锋书"蕴翠"题刻及僧文彬题七言诗	436
图版 129	石篆山寺第 4 号龛铭宗镌观音像记	437
图版 130	石篆山子母殿西第 1 号僧圣质"题崖窝古楼"诗	437
图版 131	石篆山子母殿西第 2 号僧圣质书"白石青山"题刻	438
图版 132	石篆山子母殿西第 5 号比丘慈琴栽植柏树记	438
图版 133	石篆山子母殿东第 3 号残诗碑	439
图版 134	石篆山子母殿东第 6 号佚名刻"破迷歌"碑	440
图版 135	石门山南侧石柱东北面余源□书《掉常住田》碑	441
图版 136	石门山南侧石柱东南面《勒石为记》捐资碑	442
图版 137	石门山南侧石柱西南面姜□□撰《刊刻碑文》	443
图版 138	石门山南侧石柱西北面《名垂千古》捐资碑	444
图版 139	石门山东侧石柱西南面舒宏明撰《圣府洞置常住田碑序》	445
图版 140	石门山东侧石柱西北面《永远万古》捐资碑	446
图版 141	石门山东侧石柱东北面张书绅撰《契约存照》碑	447
图版 142	石门山东侧石柱东南面《圣府洞记》碑	448
图版 143	石门山香炉第二级左面捐资题名碑	449
图版 144	石门山香炉第二级右面捐资题名碑	449
图版 145	石门山香炉第三级正面题刻	450
图版 146	石门山《正堂寇示》碑	450
图版 147	石门山癸亥功德碑	451
图版 148	石门山乾隆装塑碑	452
图版 149	石门山圣府洞寺大殿明间装塑燃灯古佛纠察灵官碑记	453
图版 150	石门山圣府洞寺大殿明间捐资题名碑	454

Ⅰ 摄影图版

图版 1　石篆山石窟卫星图

图版 2　石篆山石窟航拍图

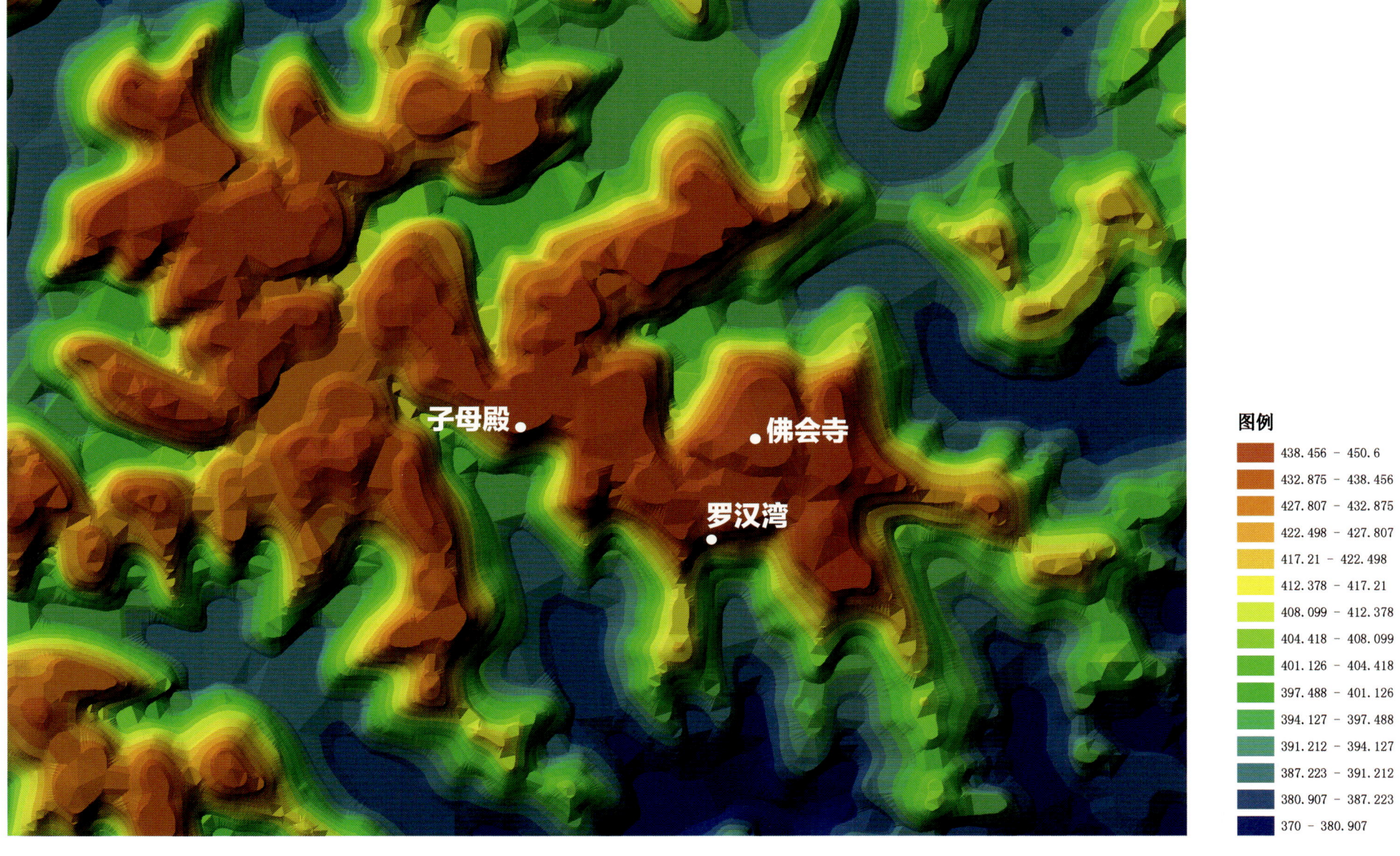

图版 3　石篆山三维地形模拟图

图版 4　石篆山石窟子母殿远景

图版 5　石篆山石窟子母殿航拍图

图版 6　石篆山石窟子母殿西段（局部）

图版 7　石篆山石窟子母殿东段

图版 8　石篆山石窟子母殿第一岩体中段及右段

图版 9　石篆山石窟子母殿第一岩体左端

图版10　石篆山石窟子母殿第二岩体

图版11　石篆山石窟子母殿第三岩体

图版 12　石篆山石窟子母殿第四岩体

图版 13　石篆山石窟子母殿第五岩体

图版 14　石篆山石窟子母殿第六、七岩体（由东至西）

图版 15　石篆山石窟子母殿第六、七岩体（由西至东）

图版 16　石篆山石窟子母殿石板小道

图版 17　石篆山石窟子母殿第一岩体前侧条石平台

图版 18　石篆山石窟子母殿保护长廊

图版 19　石篆山石窟子母殿第七岩体左端

图版 20　石篆山石窟罗汉湾远景

图版 21　石篆山石窟罗汉湾航拍图

图版 22　石篆山第 1 号龛外立面

图版 23　石篆山第 1 号龛龛顶

图版 24　石篆山第 1 号龛左侧壁

图版 25　石篆山第 1 号龛右侧壁

图版 26　石篆山第 2 号龛外立面

图版 27　石篆山第 2 号龛龛下龙纹

图版 28　石篆山第 3 号龛外立面

图版 29　石篆山第 4 号龛外立面

图版 30　石篆山第 5 号龛外立面

图版 31　石篆山第 5 号龛龛外弧壁顶部云纹

图版 32　石篆山第 5 号龛左菩萨像

图版 33　石篆山第 5 号龛右菩萨像

图版 34　石篆山第 5 号龛龛外左童子像

图版 35　石篆山第 5 号龛龛外右童子像

图版 36　石篆山第 5-1 号龛外立面

图版 37　石篆山第 6 号龛外立面

Ⅰ 摄影图版 29

图版38　石篆山第6号龛龛顶

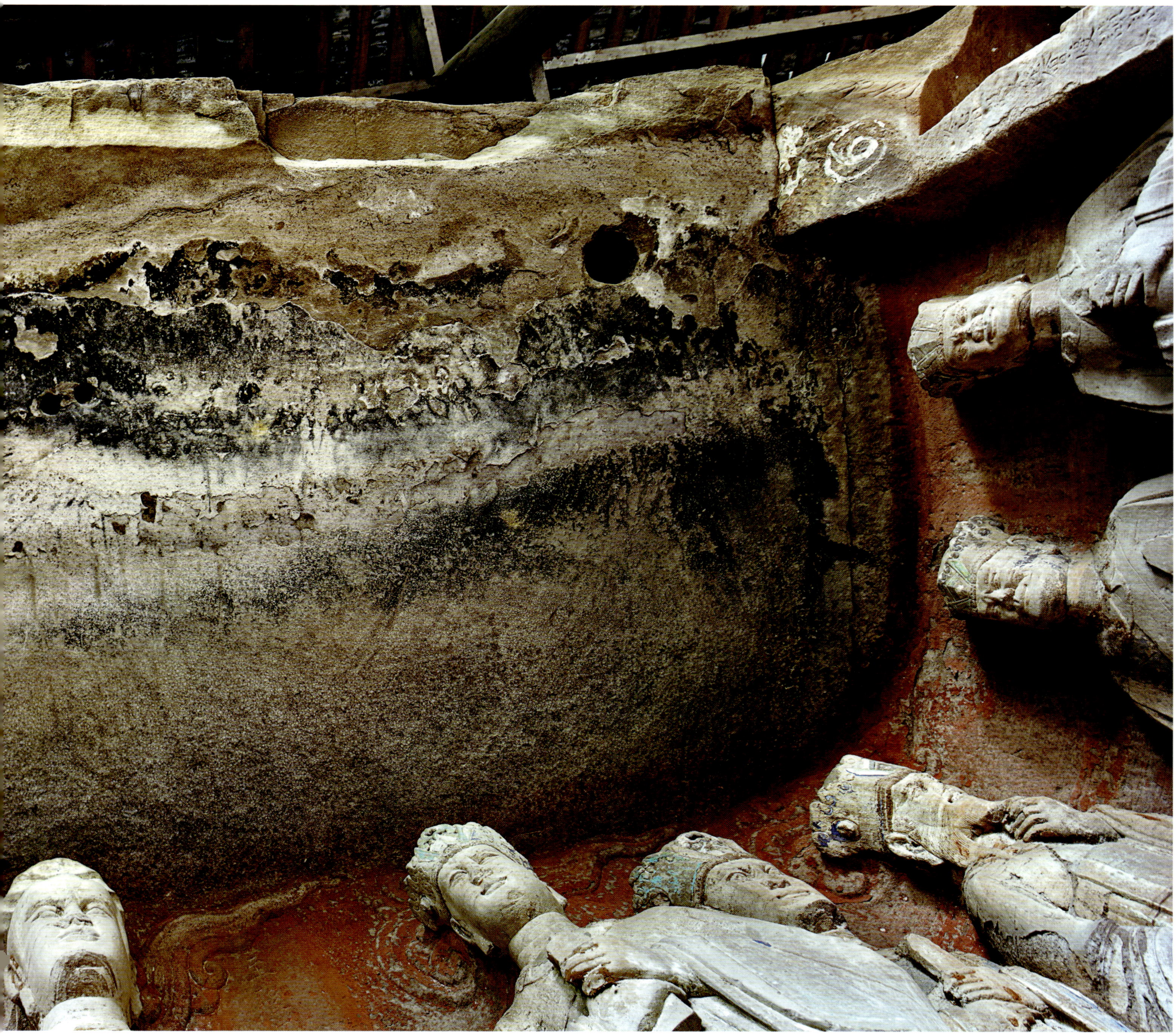

图版 39　石篆山第 6 号龛左壁

图版 40　石篆山第 6 号龛右壁

图版 41　石篆山第 6 号龛主尊像

图版 42　石篆山第 6 号龛左侧内起第 1 身弟子像

图版 43　石篆山第 6 号龛左侧内起第 2 身弟子像

图版 44　石篆山第 6 号龛左侧内起第 3 身弟子像

图版 45　石篆山第 6 号龛左侧内起第 4 身弟子像

图版 46　石篆山第 6 号龛左侧内起第 5 身弟子像

图版 47　石篆山第 6 号龛右侧内起第 1 身弟子像

图版 48　石篆山第 6 号龛右侧内起第 2 身弟子像

图版 49　石篆山第 6 号龛右侧内起第 3 身弟子像

图版 50　石篆山第 6 号龛右侧内起第 4 身弟子像

图版 51　石篆山第 6 号龛右侧内起第 5 身弟子像

图版 52　石篆山第 6 号龛龛外左护法神像

图版 53　石篆山第 6 号龛龛外右护法神像

图版 54　石篆山第 7 号龛外立面

Ⅰ 摄影图版 47

图版 55　石篆山第 7 号龛龛顶

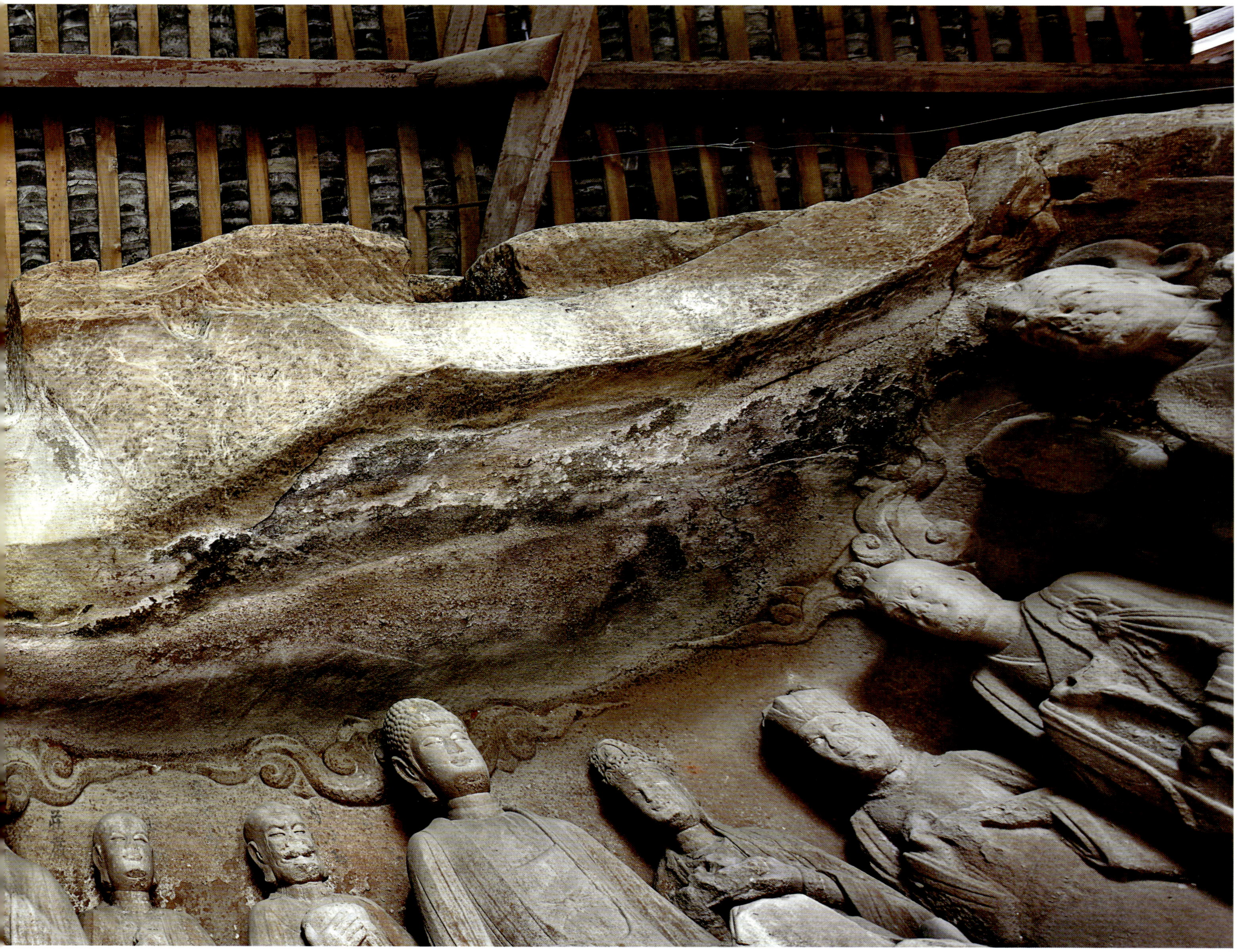

图版 56　石篆山第 7 号龛左侧壁

图版 57　石篆山第 7 号龛右侧壁

图版 58　石篆山第 7 号龛正壁中佛像

图版 59　石篆山第 7 号龛正壁左佛像

图版 60　石篆山第 7 号龛正壁石佛像

图版61　石篆山第7号龛正壁左供养菩萨像

图版 62　石篆山第 7 号龛正壁右供养菩萨像

图版 63　石篆山第 7 号龛正壁中佛像左侧内起第 1 身弟子像

图版64　石篆山第7号龛正壁中佛像左侧内起第2身弟子像

图版 65　石篆山第 7 号龛正壁中佛像左侧内起第 3 身弟子像

图版 66　石篆山第 7 号龛正壁中佛像左侧内起第 4 身弟子像

图版 67　石篆山第 7 号龛正壁中佛像左侧内起第 5 身弟子像

图版 68　石篆山第 7 号龛正壁中佛像右侧内起第 1 身弟子像

图版 69　石篆山第 7 号龛正壁中佛像右侧内起第 2 身弟子像

图版 70　石篆山第 7 号龛正壁中佛像右侧内起第 3 身弟子像

图版 71　石篆山第 7 号龛正壁中佛像右侧内起第 4 身弟子像

图版 72　石篆山第 7 号龛正壁中佛像右侧内起第 5 身弟子像

图版 73　石篆山第 7 号龛左供养人像

图版 74　石篆山第 7 号龛右供养人像

图版 75　石篆山第 7 号龛左侧龛柱　　　　　　　　　　　　　图版 76　石篆山第 7 号龛右侧龛柱

图版 77　石篆山第 7 号龛龛外左侧平整面力士像

图版 78　石篆山第 7 号龛龛外右侧平整面力士像

图版 79　石篆山第 8 号龛外立面

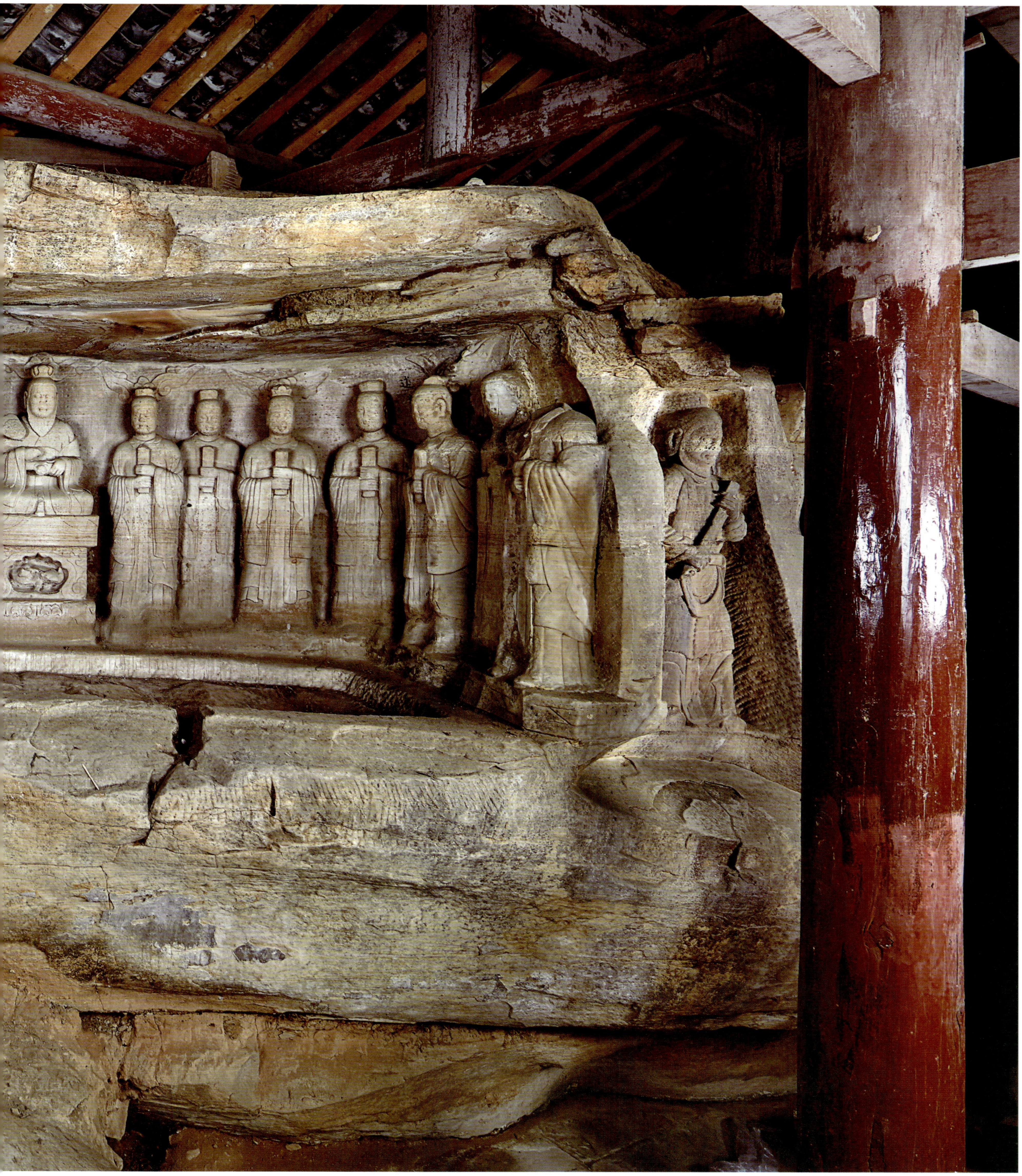

图版 80　石篆山第 8 号龛龛顶

摄影图版 | 75

图版 81　石篆山第 8 号龛左侧壁

图版 82　石篆山第 8 号龛右侧壁

图版 83　石篆山第 8 号龛主尊像

图版 84　石篆山第 8 号龛主尊左侧内起第 1 身法师像

图版 85　石篆山第 8 号龛主尊左侧内起第 2 身真人像

图版 86　石篆山第 8 号龛主尊左侧内起第 3 身真人像

图版 87　石篆山第 8 号龛主尊左侧内起第 4 身真人像

图版 88　石篆山第 8 号龛主尊左侧内起第 5 身真人像

图版 89　石篆山第 8 号龛主尊左侧内起第 6 身真人像

图版 90　石篆山第 8 号龛主尊左侧内起第 7 身真人像

图版 91　石篆山第 8 号龛主尊右侧内起第 1 身法师像

图版 92　石篆山第 8 号龛主尊右侧内起第 2 身真人像

图版 93　石篆山第 8 号龛主尊右侧内起第 3 身真人像

图版 94　石篆山第 8 号龛主尊右侧内起第 4 身真人像

图版 95　石篆山第 8 号龛主尊右侧内起第 5 身真人像

图版 96　石篆山第 8 号龛主尊右侧内起第 6 身真人像

图版 97　石篆山第 8 号龛主尊右侧内起第 7 身真人像

图版 98　石篆山第 8 号龛龛外左护法像

图版 99　石篆山第 8 号龛龛外右护法像

图版 100　石篆山第 9 号龛外立面

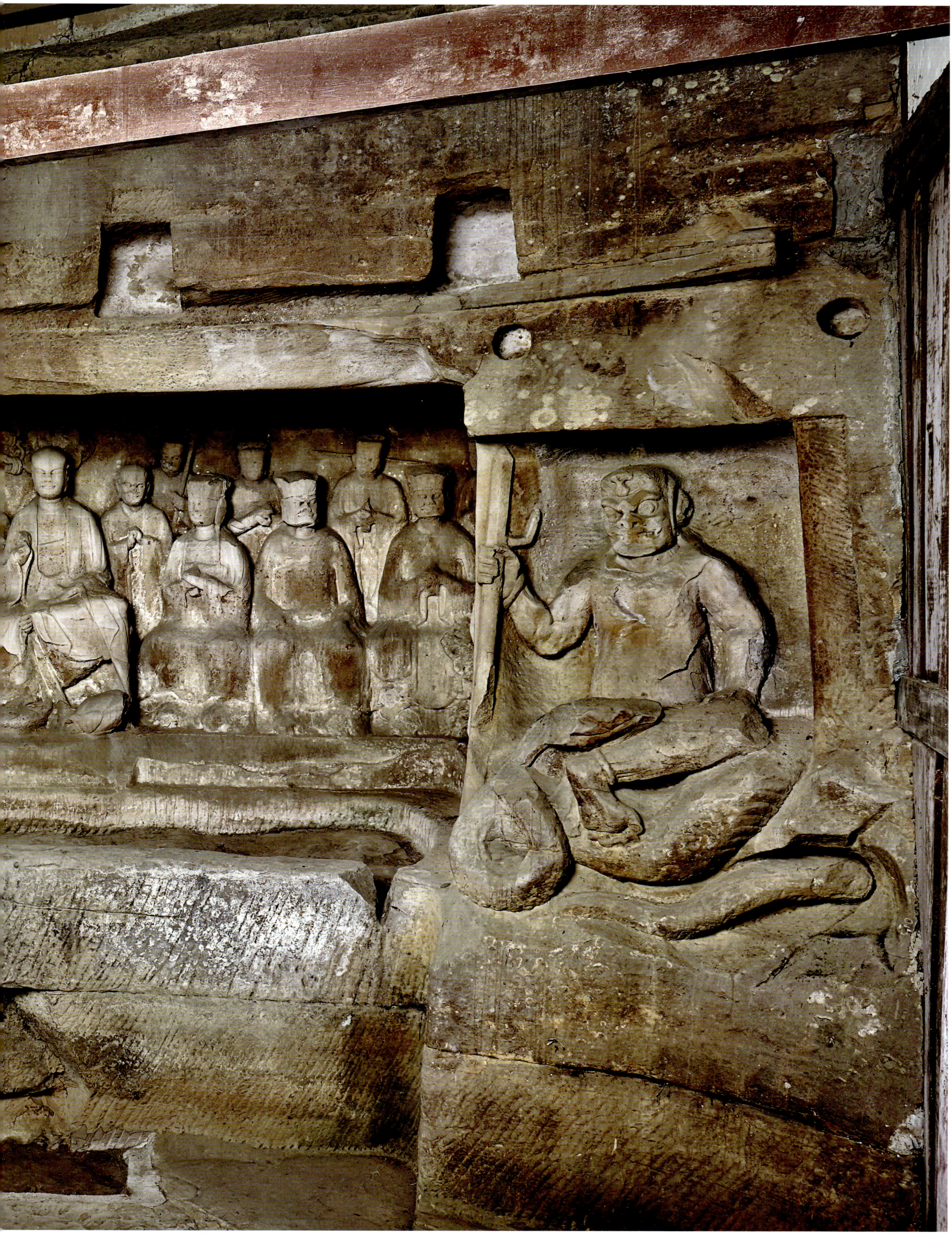

图版 101　石篆山第 9 号龛龛顶

I 摄影图版 97

图版 102　石篆山第 9 号龛左侧壁

图版 103　石篆山第 9 号龛右侧壁

图版104　石篆山第9号龛主尊及侍者像

图版 105　石篆山第 9 号龛主尊左侧内起第 1 身坐像及侍者像

图版 106　石篆山第 9 号龛主尊左侧内起第 2 身坐像及侍者像

图版 107　石篆山第 9 号龛主尊左侧内起第 3 身坐像及侍者像

图版 108　石篆山第 9 号龛主尊左侧内起第 4 身坐像及侍者像

图版 109　石篆山第 9 号龛主尊左侧内起第 5 身坐像及侍者像

图版 110　石篆山第 9 号龛主尊右侧内起第 1 身坐像及侍者像

图版 111　石篆山第 9 号龛主尊右侧内起第 2 身坐像及侍者像

图版 112　石篆山第 9 号龛主尊右侧内起第 3 身坐像及侍者像

图版 113　石篆山第 9 号龛主尊右侧内起第 4 身坐像及侍者像

图版 114　石篆山第 9 号龛主尊右侧内起第 5 身坐像及侍者像

图版 115　石篆山第 9 号龛左侧壁外侧二立像 　　　　　　　　　　图版 116　石篆山第 9 号龛右侧壁外侧二立像

图版117　石篆山第9号龛龛外左护法像

图版 118　石篆山第 9 号龛龛外右护法像

图版 119　石篆山第 10 号龛外立面

I 摄影图版 115

图版 120　石篆山第 10 号龛正壁板门

图版 121　石篆山第 10 号龛正壁板门左侧立像

图版 122　石篆山第 10 号龛正壁板门右侧二立像

图版123　石篆山第10号龛左壁

图版 124　石篆山第 11 号龛外立面

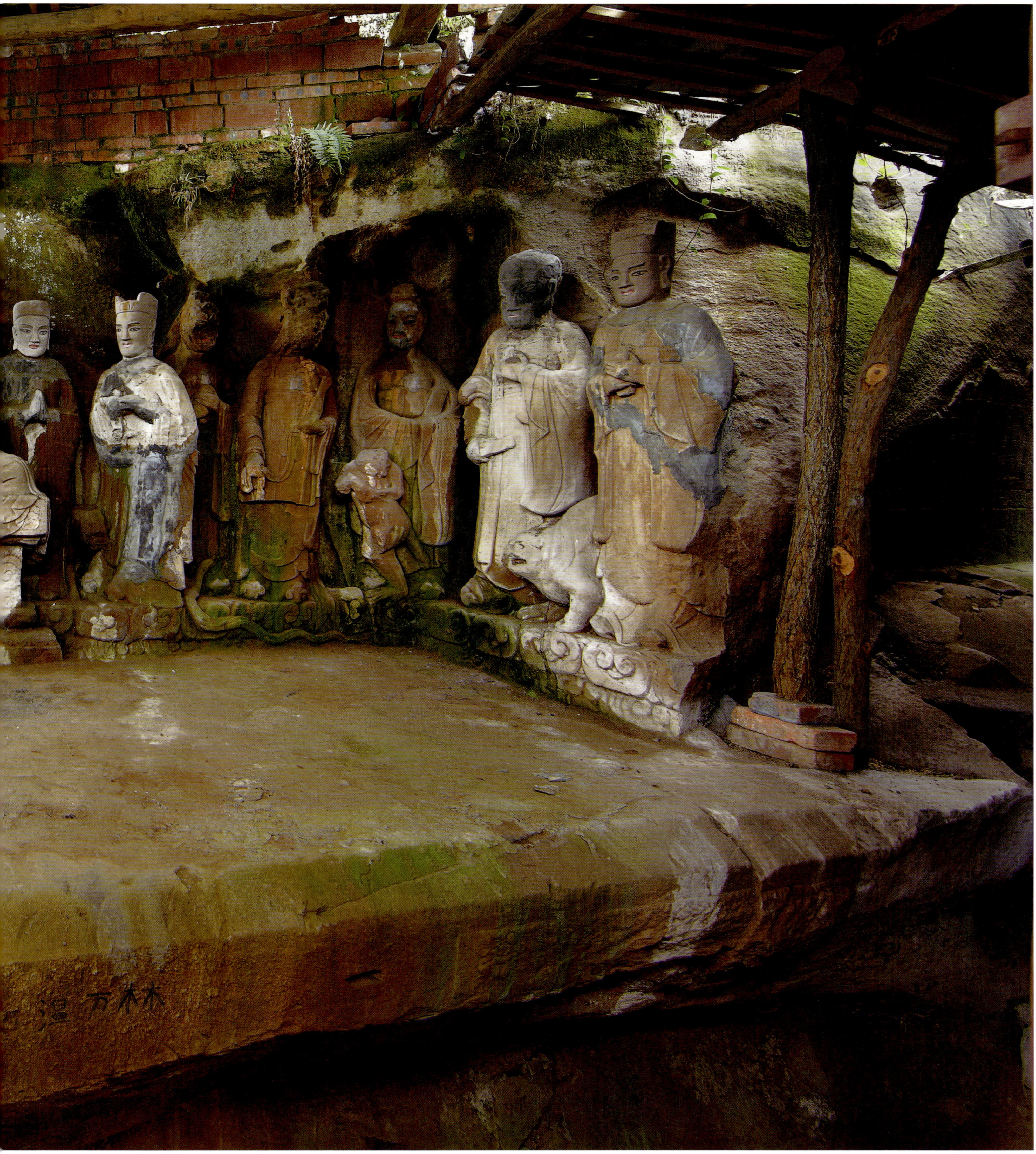

图版 125　石篆山第 11 号龛左侧壁

图版 126　石篆山第 11 号龛右侧壁

图版 127　石篆山第 11 号龛龛外左护法神像

图版128　石篆山第11号龛龛外右护法神像

图版129　石篆山第12号龛外立面

图版130　石篆山第13号龛外立面

图版 131　石篆山第 13 号龛左侧壁

石门山石窟

图版132 石门山石窟卫星图

图版133 石门山石窟航拍图

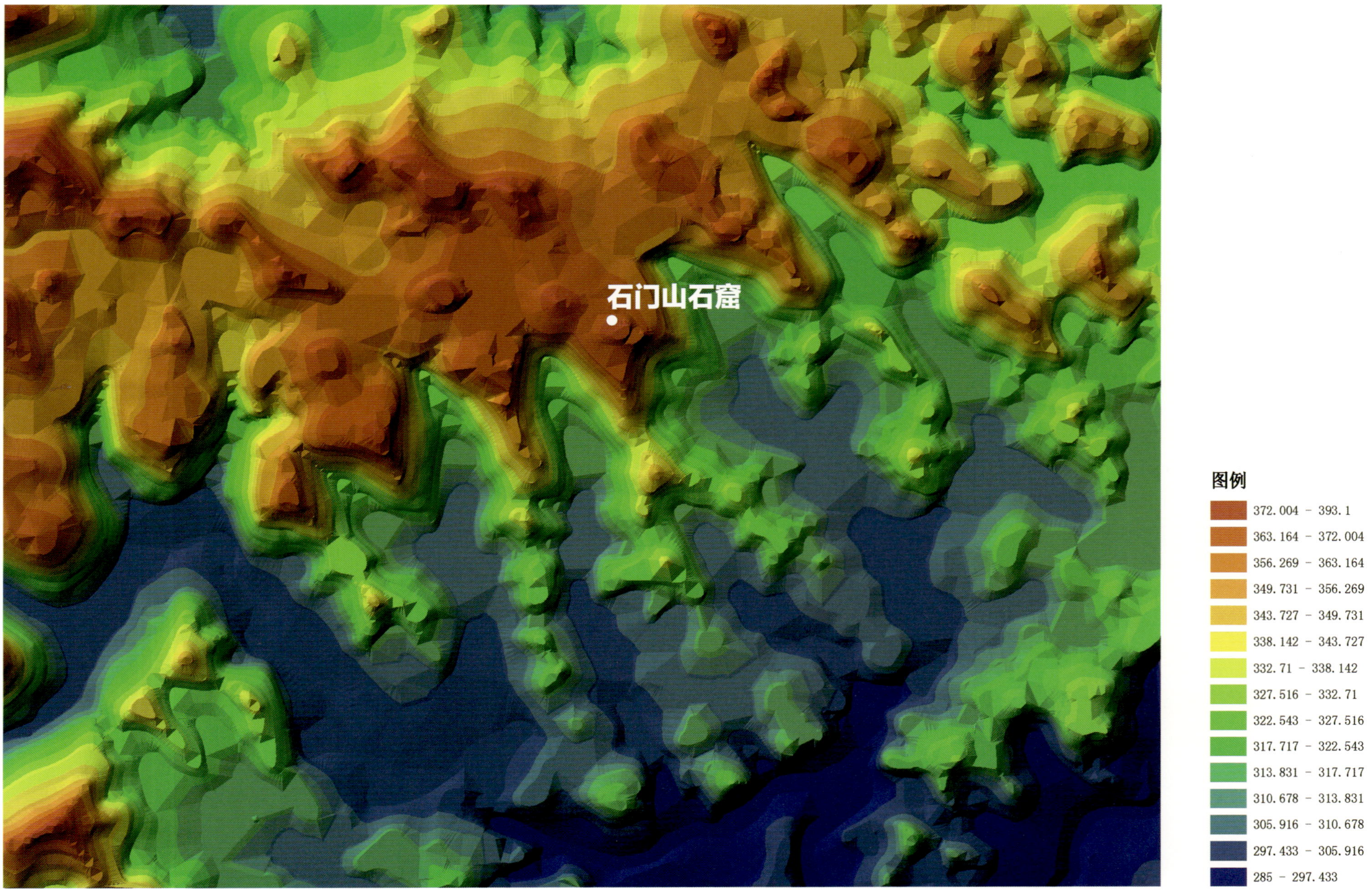

图版134 石门山三维地形模拟图

图版 135　石门山石窟进口门厅

图版 136　石门山石窟圣府洞寺

图版137　石门山石窟管理用房及休憩廊亭

图版 138　石门山石窟东侧、西侧、南侧岩体（局部）

图版 139　石门山石窟西侧岩体与南侧岩体间巷道（由东至西）

图版140　石门山石窟西侧岩体与南侧岩体间巷道（由西至东）

图版 141　石门山石窟西侧岩体与南侧岩体间巷道顶部券拱

图版 142　石门山石窟东侧岩体南面

图版 143　石门山石窟东侧岩体北面

图版 144　石门山石窟西侧岩体东北向壁面

图版 145　石门山石窟西侧岩体东南向壁面

图版 146　石门山石窟南侧独立岩体东向壁面

图版 147　石门山石窟南侧独立岩体南向壁面

Ⅰ 摄影图版　139

图版 148　石门山石窟南侧独立岩体西向壁面

图版 149　石门山石窟南侧独立岩体北向壁面

图版 150　石门山第 1 号龛外立面

图版 151　石门山第 1 号龛上部造像

图版 152　石门山第 1 号龛主尊左侧造像

图版 153　石门山第 1 号龛主尊右侧造像

图版 154　石门山第 1 号龛低坛神将像

图版 155　石门山第 1 号龛低坛左侧神将像

图版 156　石门山第 1 号龛低坛右侧神将像

Ⅰ 摄影图版　145

图版 157　石门山第 2 号龛外立面

图版 158　石门山第 2 号龛龛内造像

图版 159　石门山第 2 号龛龛外弧壁左神将像

图版 160　石门山第 2 号龛龛外弧壁右神将像

图版 161　石门山第 2 号龛龛外弧壁左下侧立式男像

图版 162　石门山第 3 号龛外立面

图版 163　石门山第 3 号龛女供养人像

图版164　石门山第3号龛第一重龛口外右侧圆拱龛造像

图版 165　石门山第 4 号龛外立面

图版 166　石门山第 4 号龛主尊像山石座下部蹲兽

图版 167　石门山第 4 号龛主尊像山石座右下侧

图版 168　石门山第 4 号龛左侧侍女像

图版 169　石门山第 4 号龛左飞天像

图版 170　石门山第 4 号龛右飞天像

图版 171　石门山第 5 号龛外立面

图版 172　石门山第 5-1 号龛外立面

图版 173 石门山第 6 号窟外立面

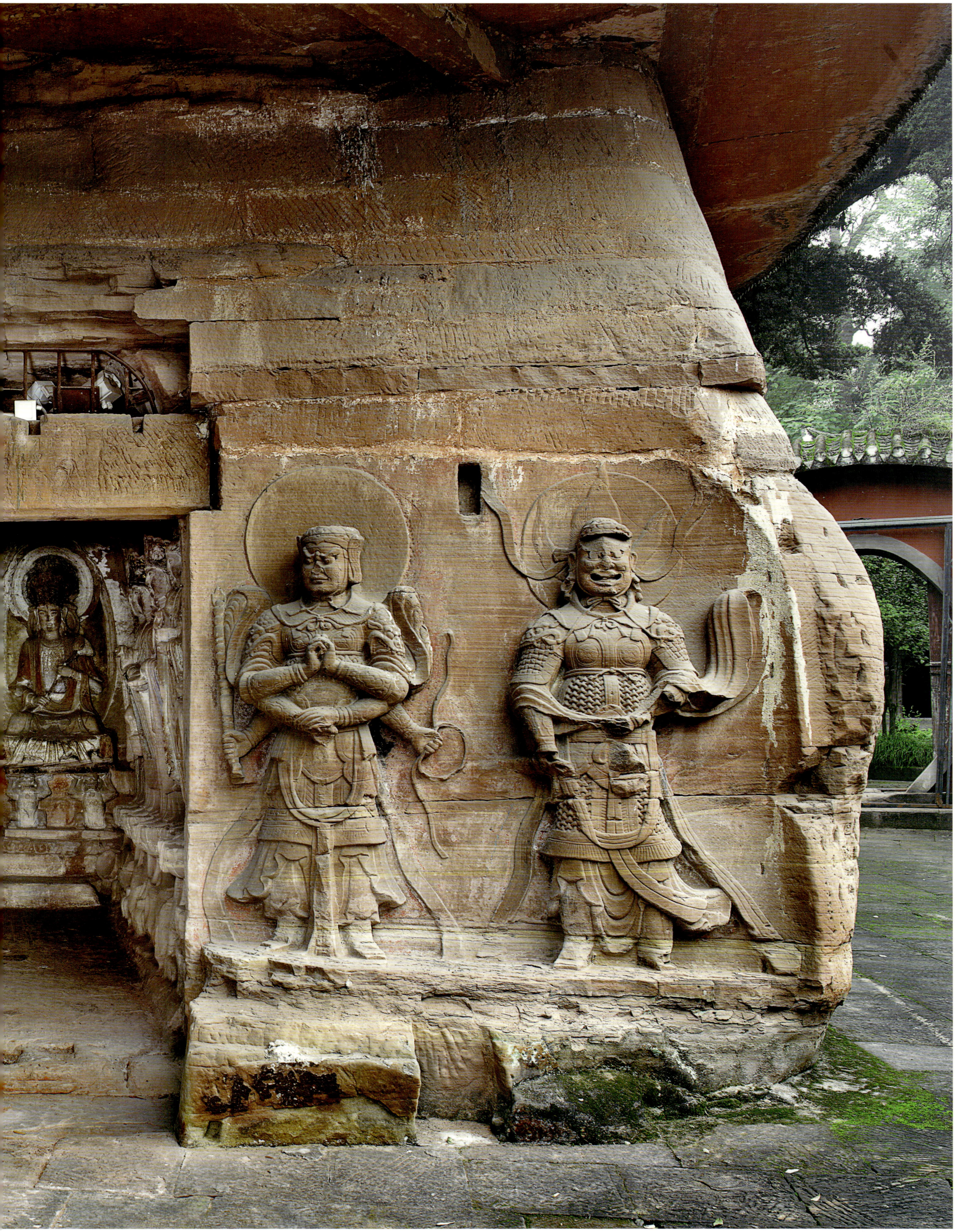

图版 174　石门山第 6 号窟窟顶

图版 175　石门山第 6 号窟正壁

图版 176　石门山第 6 号窟窟顶覆莲

图版177　石门山第6号窟正壁左菩萨像

图版 178　石门山第 6 号窟正壁左菩萨像须弥座蹲狮

图版 179　石门山第 6 号窟正壁石菩萨像

图版 180　石门山第 6 号窟左壁

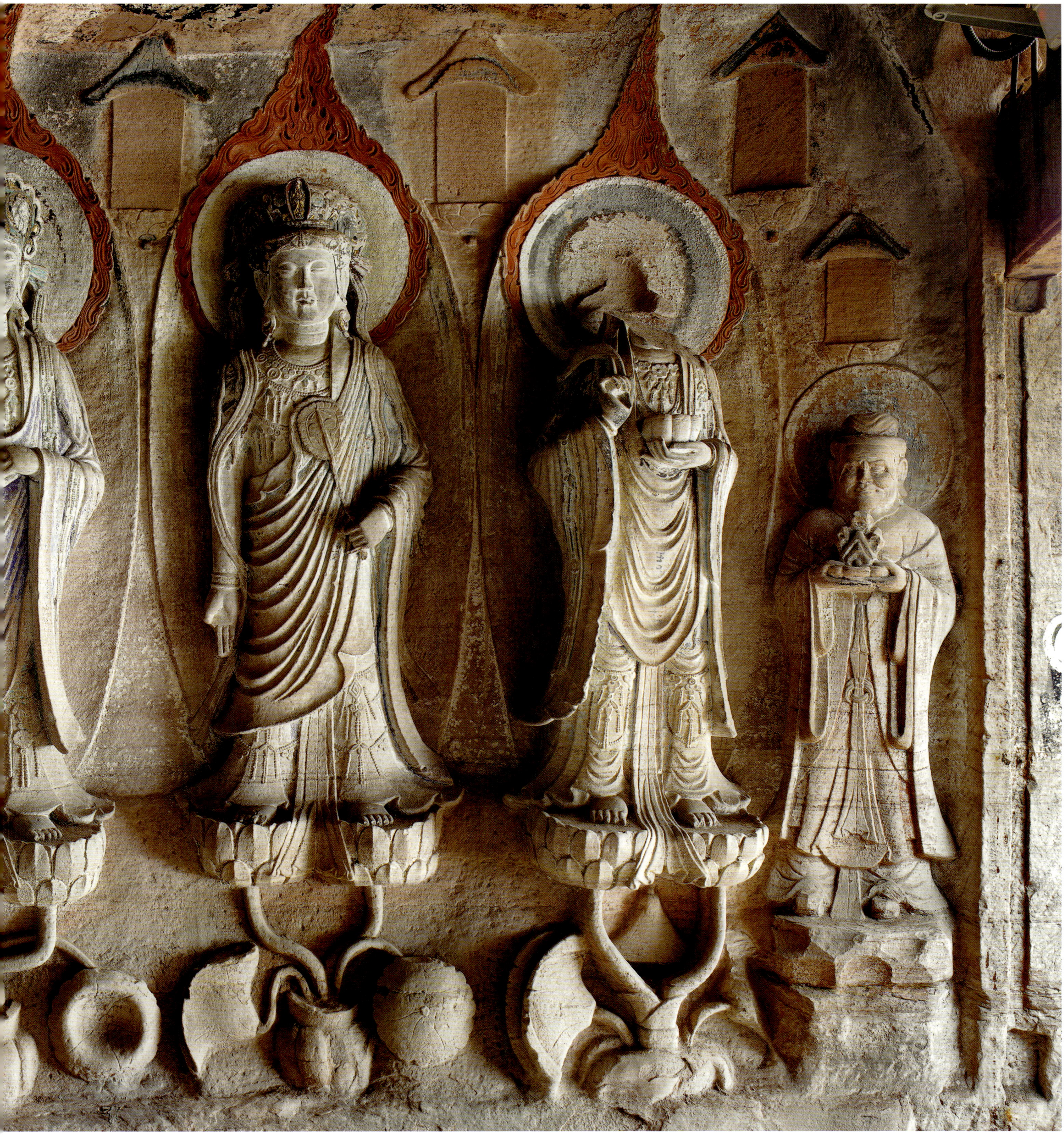

图版 181　石门山第 6 号窟左壁内起第 1 身像

图版 182　石门山第 6 号窟左壁内起第 2 身像

图版 183　石门山第 6 号窟左壁内起第 3 身像

图版184　石门山第6号窟左壁内起第4身像

图版 185　石门山第 6 号窟左壁内起第 5 身像

图版 186　石门山第 6 号窟左壁内起第 5 身菩萨半身像

图版 187　石门山第 6 号窟左壁内起第 6 身像

图版 188　石门山第 6 号窟左壁内起第 7 身像

图版 189　石门山第 6 号窟右壁

1 摄影图版　181

图版190　石门山第 6 号窟右壁内起第 1 身像

图版 191　石门山第 6 号窟右壁内起第 2 身像

图版 192　石门山第 6 号窟右壁内起第 3 身像

图版 193　石门山第 6 号窟右壁内起第 4 身像

图版 194　石门山第 6 号窟右壁内起第 5 身像

图版 195　石门山第 6 号窟右壁内起第 6 身像

图版 196　石门山第 6 号窟右壁内起第 7 身像

图版197　石门山第6号窟窟底

图版 198　石门山第 6 号窟窟外左起第 1 身天王像

图版 199　石门山第 6 号窟窟外左起第 2 身天王像

图版200　石门山第6号窟窟外左起第3身天王像

图版 201　石门山第 6 号窟窟外左起第 4 身天王像

图版 202　石门山第 7 号龛外立面

图版 203　石门山第 8 号窟外立面

图版 204　石门山第 8 号窟窟顶

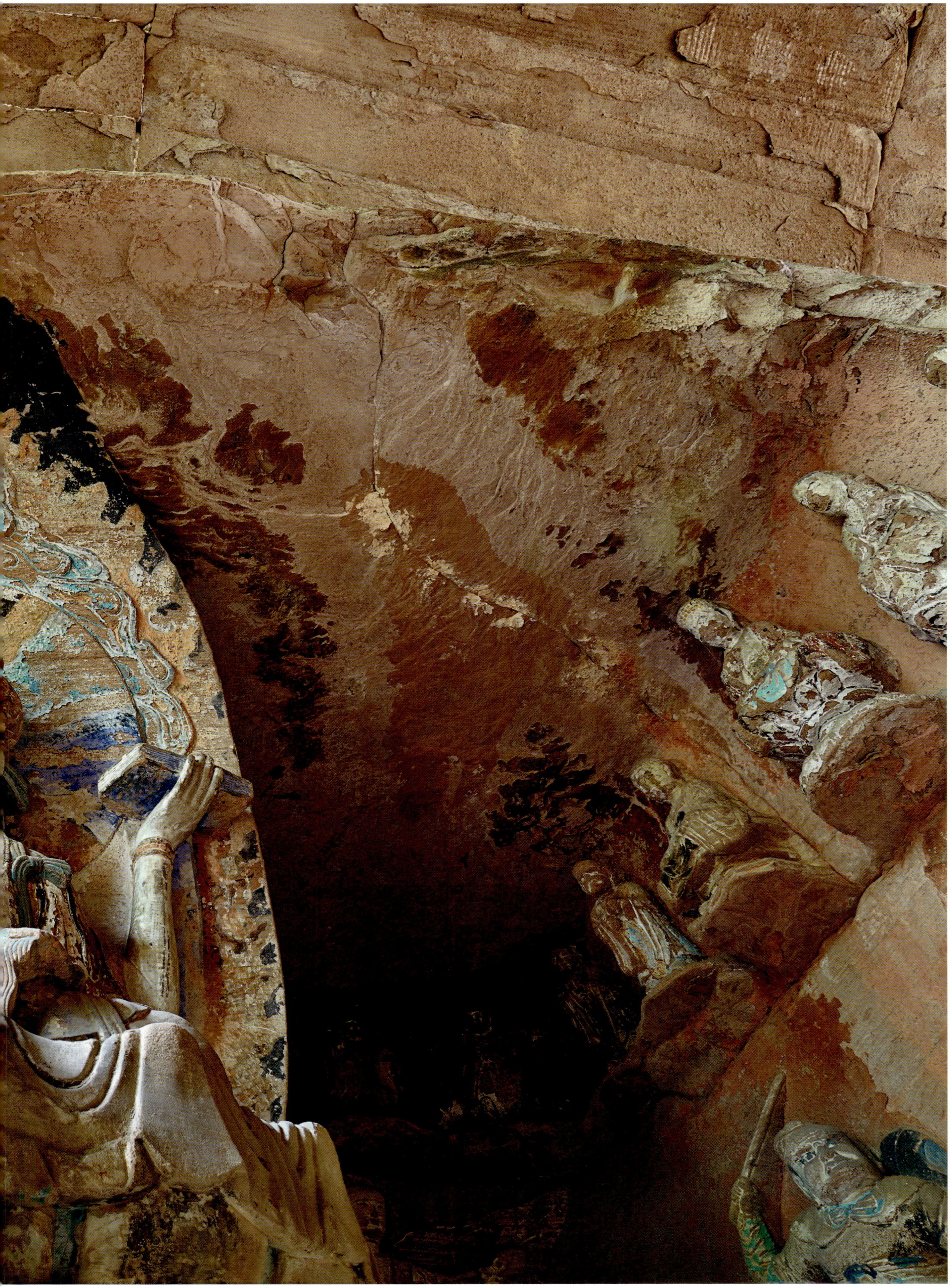

图版 205　石门山第 8 号窟中心柱正面

图版 206　石门山第 8 号窟窟壁顶部左外侧

图版 207　石门山第 8 号窟窟壁顶部内侧左起第 2 身罗汉像

图版 208　石门山第 8 号窟窟壁顶部内侧左起第 5 身罗汉像

图版 209　石门山第 8 号窟窟壁顶部内侧左起第 7 身罗汉像

图版 210　石门山第 8 号窟窟壁顶部内侧左起第 8 身罗汉像

图版 211　石门山第 8 号窟正壁左侧造像

图版 212　石门山第 8 号窟正壁右侧造像

图版213　石门山第 8 号窟正壁第 3、4 像

图版 214　石门山第 8 号窟正壁第 7 像右侧龙

图版 215　石门山第 8 号窟左壁

图版 216　石门山第 8 号窟左壁第 1—3 像

图版 217　石门山第 8 号窟左壁第 9 像及建筑

图版218　石门山第8号窟右壁

图版 219　石门山第 8 号窟右壁第 1—3 像

图版 220　石门山第 8 号窟右壁底部建筑

图版221 石门山第8-1号龛外立面

图版 222　石门山第 9 号龛外立面

图版 223　石门山第 9 号龛女侍像

图版 224　石门山第 10 号窟外立面

图版 225　石门山第 10 号窟窟顶

图版 226　石门山第 10 号窟正壁

图版 227　石门山第 10 号窟正壁中主尊像

图版 228　石门山第 10 号窟正壁左主尊左上方立像

图版 229　石门山第 10 号窟左侧壁

Ⅰ 摄影图版　221

图版 230　石门山第 10 号窟左侧壁左起第 1 身立像

图版231　石门山第10号窟左侧壁左起第2身立像

图版 232　石门山第 10 号窟左侧壁左起第 3 身立像

图版 233　石门山第 10 号窟左侧壁左起第 4 身立像

图版 234　石门山第 10 号窟左侧壁左起第 5 身立像

图版235　石门山第10号窟左侧壁左起第6身立像

图版 236　石门山第 10 号窟左侧壁左起第 7 身立像

图版 237　石门山第 10 号窟左侧壁上部左起第 1 组云台造像

图版 238　石门山第 10 号窟左侧壁上部左起第 2 组云台造像

图版 239　石门山第 10 号窟左侧壁上部左起第 3 组云台造像

图版 240　石门山第 10 号窟左侧壁上部左起第 4 组云台造像

图版 241　石门山第 10 号窟左侧壁上部最右端坐像

图版 242　石门山第 10 号窟右侧壁

I 摄影图版 233

图版243　石门山第10号窟右侧壁右起第1身立像

图版 244　石门山第 10 号窟右侧壁右起第 2 身立像

图版 245　石门山第 10 号窟右侧壁右起第 3 身立像

图版 246　石门山第 10 号窟右侧壁右起第 4 身像

图版 247　石门山第 10 号窟右侧壁右起第 5 身立像

图版248　石门山第10号窟右侧壁右起第6身立像

图版 249 石门山第 10 号窟右侧壁右起第 7 身立像

图版 250　石门山第 10 号窟右侧壁右起第 8 身立像

图版 251　石门山第 11 号龛外立面

图版 252　石门山第 11 号龛主尊及侍者像

图版253　石门山第11号龛下部第1组造像

图版 254　石门山第 11 号龛下部第 2 组造像

图版 255　石门山第 11-1 号龛外立面

图版 256　石门山第 13 号龛外立面

图版 257　石门山第 13-1 号龛外立面

图版258　石门山第13-2号龛外立面

图版 259　南山石窟卫星图

图版 260　南山石窟航拍图

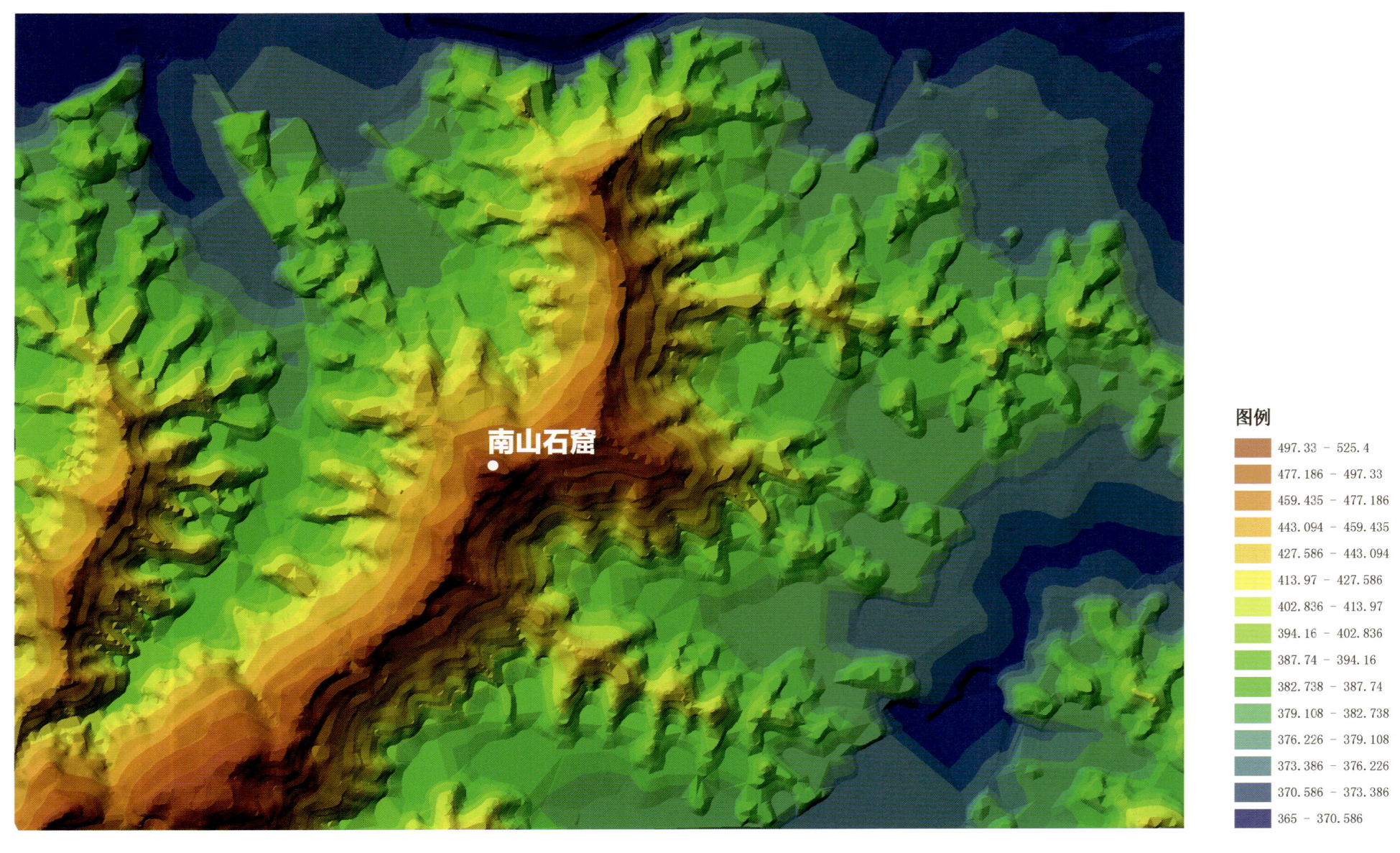

图版 261　南山三维地形模拟图

图版 262　南山石窟远景

图版 263　南山石窟西南侧至石窟区石板路及围墙

图版 264　南山石窟西北向崖壁

图版 265　南山石窟西南向崖壁

图版 266　南山石窟南向崖壁及建筑（由西向东）

图版 267　南山石窟东南向崖壁及建筑（由东向西）

图版 268　南山石窟西面石板小道

图版 269　南山石窟三清殿

图版 270　南山石窟玉皇殿

图版 271　南山石窟太清亭

图版 272　南山石窟碑廊

图版 273　南山石窟门厅与石窟间的石阶

图版 274　南山第 1 号龛外立面

图版 275　南山第 1 号龛龛顶

图版 276　南山第 1 号龛左侧壁立像

图版 277　南山第 1 号龛右侧壁立像

图版 278　南山第 2 号窟外立面

图版 279　南山第 2 号窟窟顶

图版 280 南山第 2-1 号龛外立面

图版 281　南山第 3-1 号龛外立面

图版282　南山第4号龛外立面

图版 283　南山第 4 号龛正壁中主尊像

图版 284　南山第 4 号龛正壁左主尊像

图版 285　南山第 4 号龛正壁右主尊像

图版 286　南山第 4 号龛左壁

图版 287　南山第 4 号龛右壁

图版 288　南山第 5 号窟外立面

I 摄影图版 273

图版289　南山第5号窟巷道（由东至西）

图版290　南山第5号窟巷道（由西至东）

图版 291　南山第 5 号窟窟顶左侧

图版 292　南山第 5 号窟窟顶右侧

图版 293　南山第 5 号窟左龙柱

图版 294　南山第 5 号窟右龙柱

Ⅰ 摄影图版　277

图版 295　南山第 5 号窟方柱正面

图版 296　南山第 5 号窟方柱正面方龛上部正壁

图版 297　南山第 5 号窟方柱正面方龛上部正壁左侍者（后像）及身后楼阁

图版 298　南山第 5 号窟方柱正面方龛上部正壁右侍者（后像）及身后楼阁

图版 299　南山第 5 号窟方柱正面方龛上部左壁

图版 300　南山第 5 号窟方柱正面方龛上部左壁飞天像

图版 301　南山第 5 号窟方柱正面方龛上部右壁

图版 302　南山第 5 号窟方柱正面方龛上部右壁飞天像

图版 303　南山第 5 号窟方柱正面方龛下部造像

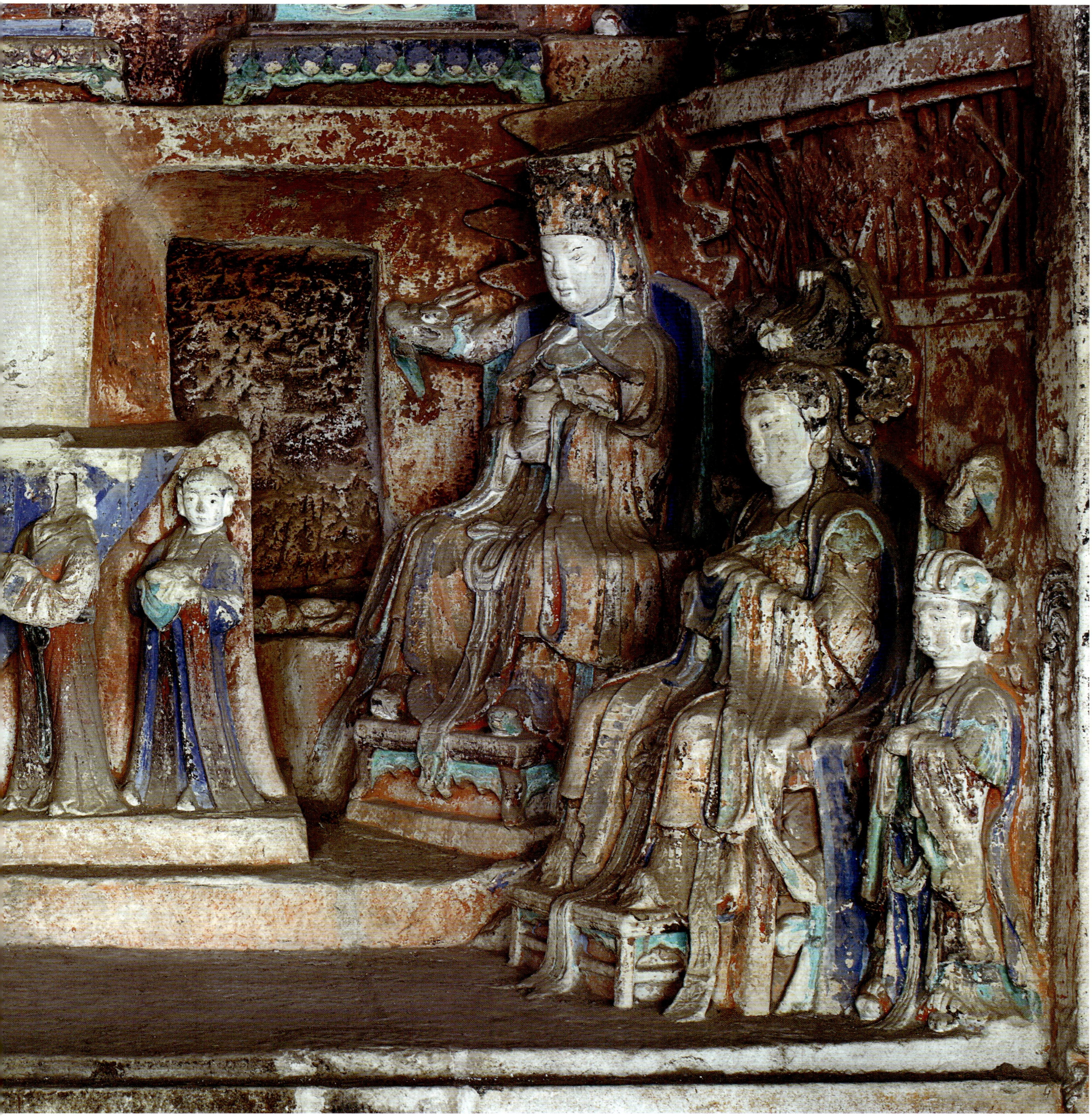

图版 304　南山第 5 号窟方柱正面方龛下部左壁内起第 1 像

图版 305　南山第 5 号窟方柱正面方龛下部左壁内起第 2 像

图版 306　南山第 5 号窟方柱正面方龛下部右壁内起第 1 像

图版 307　南山第 5 号窟方柱正面方龛下部右壁内起第 2 像

图版 308　南山第 5 号窟方柱正面方龛左沿

图版 309　南山第 5 号窟方柱正面方龛右沿

图版 310　南山第 5 号窟方柱左壁面（正射影像）

图版 311　南山第 5 号窟方柱左壁面上组造像

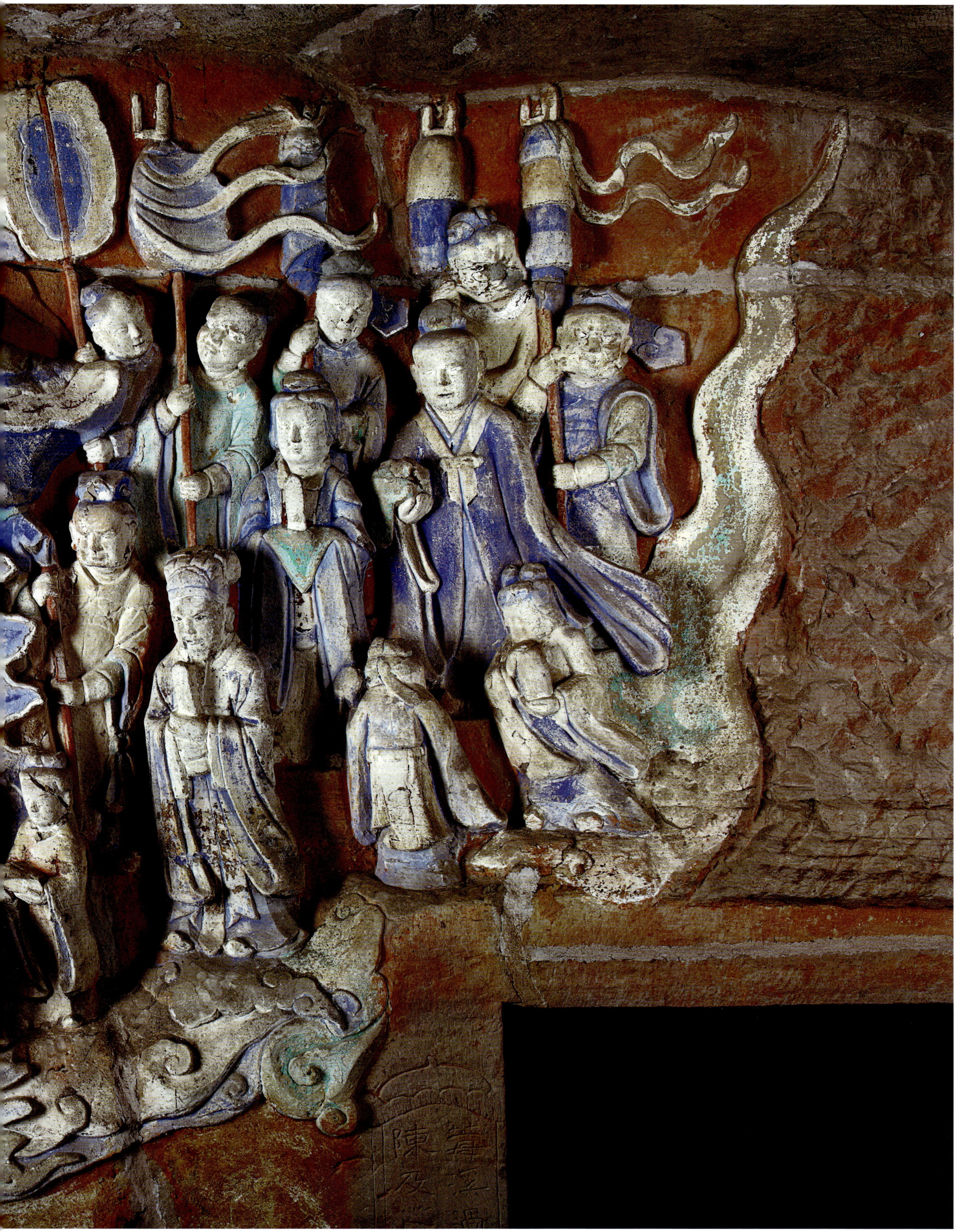

图版 312　南山第 5 号窟方柱左壁面下组造像

图版 313　南山第 5 号窟左壁前端圆环造像　　　　　　　　　　　　　图版 314　南山第 5 号窟右壁前端圆环造像

图版 315　南山第 5 号窟左壁前端上起第 1 圆环

图版 316　南山第 5 号窟左壁前端上起第 2 圆环

图版 317　南山第 5 号窟左壁前端上起第 3 圆环

图版 318　南山第 5 号窟左壁前端上起第 4 圆环

图版 319　南山第 5 号窟左壁前端上起第 5 圆环

图版 320　南山第 5 号窟左壁前端上起第 6 圆环

图版 321　南山第 5 号窟右壁前端上起第 1 圆环

图版 322　南山第 5 号窟右壁前端上起第 2 圆环

图版 323　南山第 5 号窟右壁前端上起第 3 圆环

图版 324　南山第 5 号窟右壁前端上起第 4 圆环

图版 325　南山第 5 号窟右壁前端上起第 5 圆环

图版 326　南山第 5 号窟右壁前端上起第 6 圆环

图版 327　南山第 5 号窟左壁

图版 328　南山第 5 号窟正壁左侧

图版 329　南山第 5 号窟左壁内侧及正壁左侧第 5 排外起第 4 像

图版 330　南山第 5 号窟左壁内侧及正壁左侧第 5 排外起第 5 像

图版 331　南山第 5 号窟左壁内侧及正壁左侧第 6 排外起第 5 像

图版 332　南山第 5 号窟左壁内侧及正壁左侧第 6 排外起第 6 像

图版 333　南山第 5 号窟右壁

图版334　南山第5号窟正壁右侧

图版 335　南山第 5 号窟右壁内侧及正壁右侧第 5 排外起第 2 像

图版 336　南山第 5 号窟右壁内侧及正壁右侧第 5 排外起第 6 像

图版337　南山第5-1号龛外立面

图版 338　南山第 6 号龛外立面

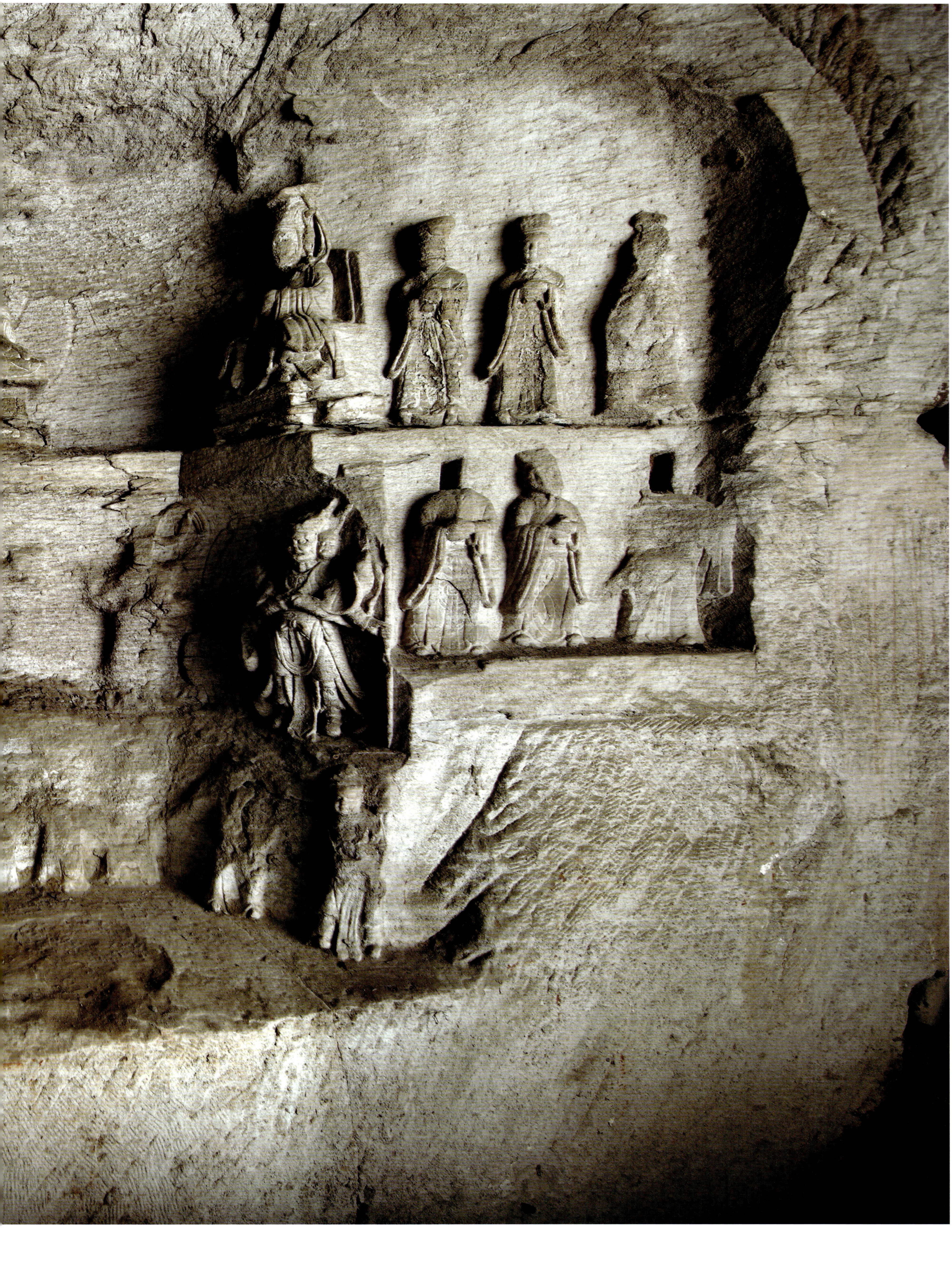

图版 339　南山第 6 号龛左主尊像

图版 340　南山第 6 号龛右主尊像

图版341　南山第6号龛上层左侧3身立像

图版342　南山第6号龛上层右侧立像

图版 343　南山第 6 号龛中层左侧内起第 2 像

图版 344　南山第 6 号龛中层左侧内起第 3—5 像

图版345 南山第6号龛中层右侧内起第2像

图版 346　南山第 6 号龛中层右侧内起第 3—6 像

图版 347　南山第 6-1 号龛外立面

图版 348　南山第 8-1 号龛外立面

320　大足石刻全集　第五卷（下册）

图版349　南山第15号龛外立面

图版 350　石篆山佛会寺远景

图版 351　石篆山佛会寺航拍图

图版 352　石篆山佛会寺山门遗址

图版 353　石篆山佛会寺中殿

图版 354　石篆山佛会寺后殿

图版 355　石篆山佛会之塔东南面

图版 356　石篆山佛会之塔东北面

图版 357　石篆山佛会之塔西南面

图版 358　石篆山佛会之塔西北面

图版 359　石篆山佛会之塔塔基（局部）

图版 360　石篆山佛会之塔第二级塔身正面（东南）浅龛外立面

图版 361　石篆山佛会之塔第二级塔身东北面造像

图版 362　石篆山佛会之塔第二级塔身西南面造像

图版 363　石篆山佛会之塔第二级塔身西北面造像

图版 364　石篆山佛会之塔第三级塔身底部平座勾栏造像（局部）

图版 365　石篆山佛会之塔第三级塔身造像（局部）

334　大足石刻全集　第五卷（下册）

图版 366　石篆山佛会寺第 1 号龛外立面

图版 367　石篆山佛会寺第 4 号龛外立面

图版 368　石篆山佛会寺古寨东寨门

图版 369　石篆山佛会寺古寨北寨门及寨墙

图版 370　石篆山子母殿西第 3 号外立面

图版 371　石篆山子母殿西第 4 号外立面

图版 372　石门山石窟区内南侧石柱

图版 373　石门山石窟区内东侧石柱

图版 374　石门山石窟区内香炉

图版 375　石门山圣府洞寺大殿第 1 号窟外立面

图版 376　石门山圣府洞寺大殿第 2 号龛外立面

II 铭文图版

08 07 06 05 04 03 02 01

图版1　石篆山第1号龛李□发装彩镌记

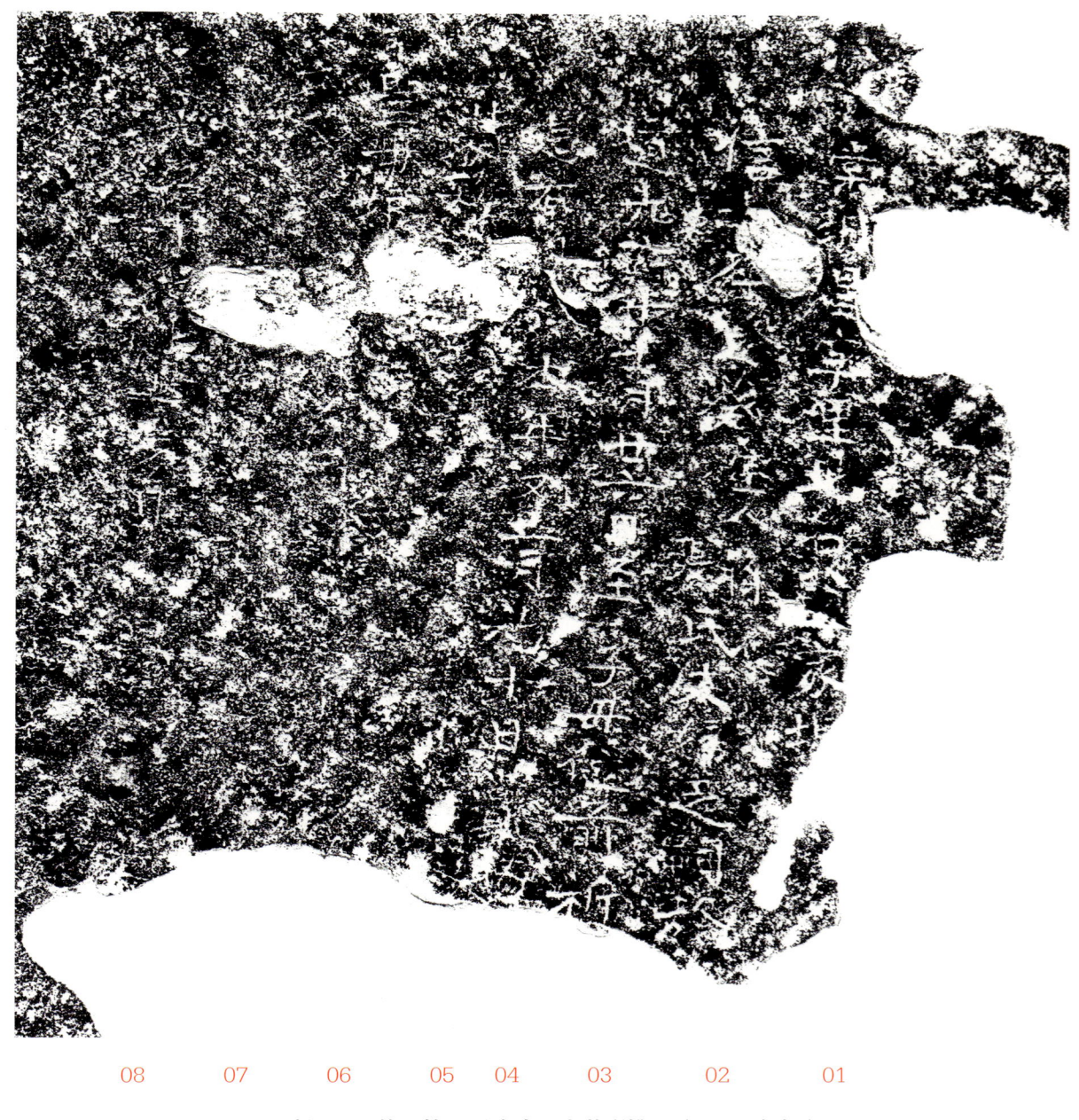

08 07 06 05 04 03 02 01

图版1　石篆山第1号龛李□发装彩镌记（2016年拓）

图版2　石篆山第2号龛文惟简镌志公和尚龛镌记

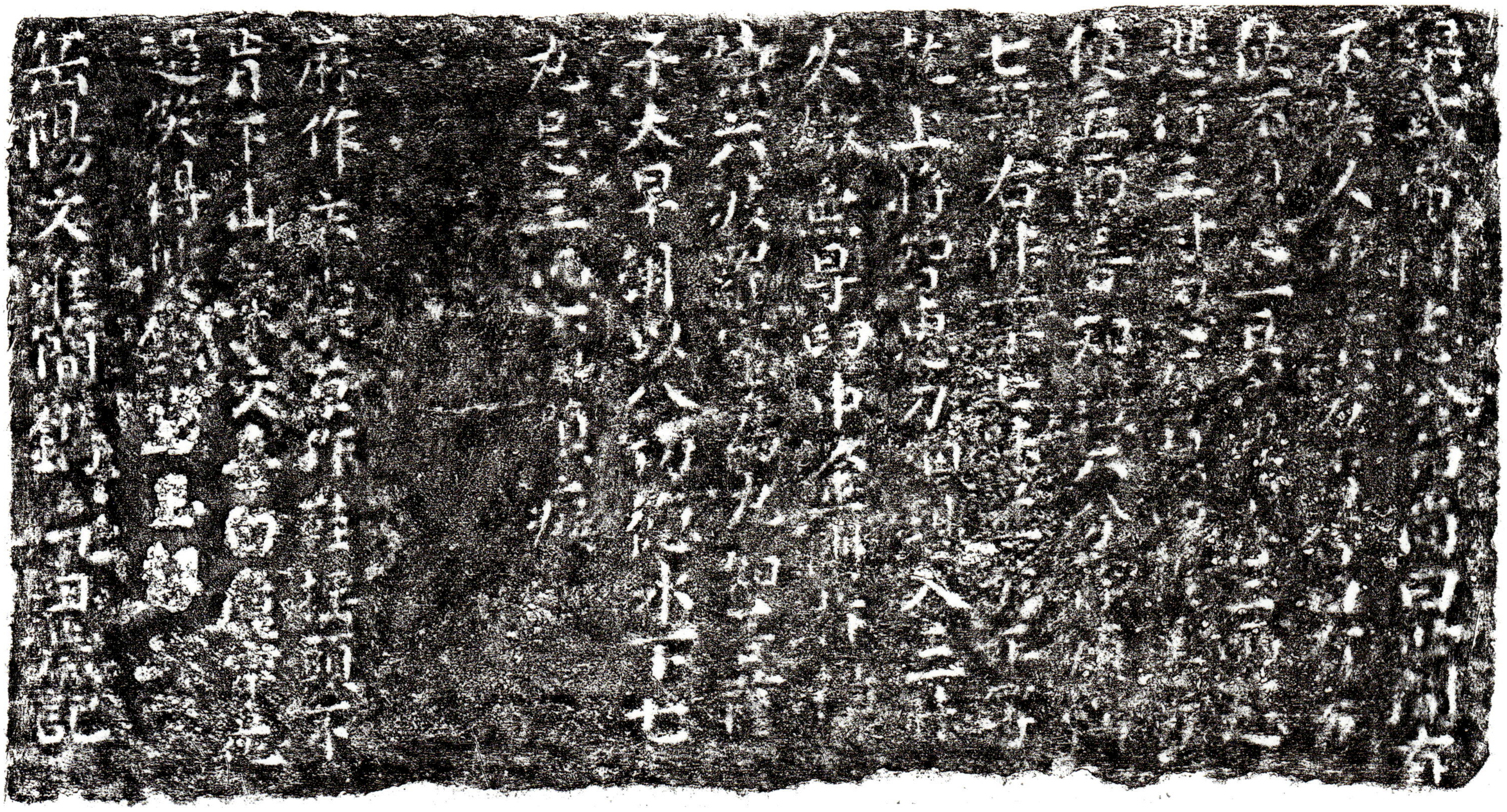

02　　　01

图版 3　石篆山第 5 号龛文惟简镌文殊普贤龛镌记

02　　　01

图版 3　石篆山第 5 号龛文惟简镌文殊普贤龛镌记

图版 4　石篆山第 6 号龛主尊像题名

图版 4　石篆山第 6 号龛主尊像题名

图版 5　石篆山第 6 号龛左第 1 身弟子像题名　　　　　　　　　图版 5　石篆山第 6 号龛左第 1 身弟子像题名

图版 6　石篆山第 6 号龛左第 2 身弟子像题名　　　　　　　　　图版 6　石篆山第 6 号龛左第 2 身弟子像题名

图版 7　石篆山第 6 号龛左第 3 身弟子像题名

图版 7　石篆山第 6 号龛左第 3 身弟子像题名

图版 8　石篆山第 6 号龛左第 4 身弟子像题名

图版 8　石篆山第 6 号龛左第 4 身弟子像题名

图版 9　石篆山第 6 号龛左第 5 身弟子像题名

图版 9　石篆山第 6 号龛左第 5 身弟子像题名

图版 10　石篆山第 6 号龛右第 1 身弟子像题名

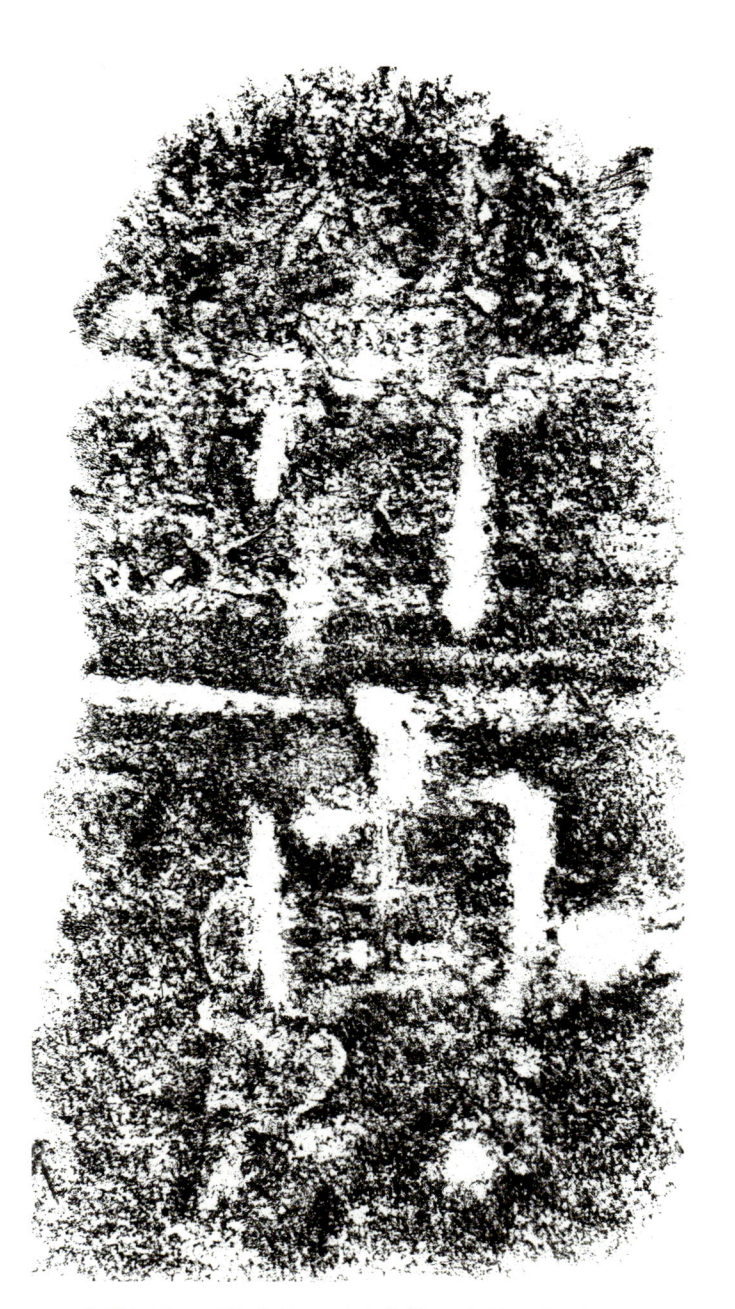

图版 10　石篆山第 6 号龛右第 1 身弟子像题名

图版 11　石篆山第 6 号龛右第 2 身弟子像题名

图版 12　石篆山第 6 号龛右第 3 身弟子像题名

图版 13　石篆山第 6 号龛右第 4 身弟子像题名

图版 13　石篆山第 6 号龛右第 4 身弟子像题名

图版 14　石篆山第 6 号龛右第 5 身弟子像题名

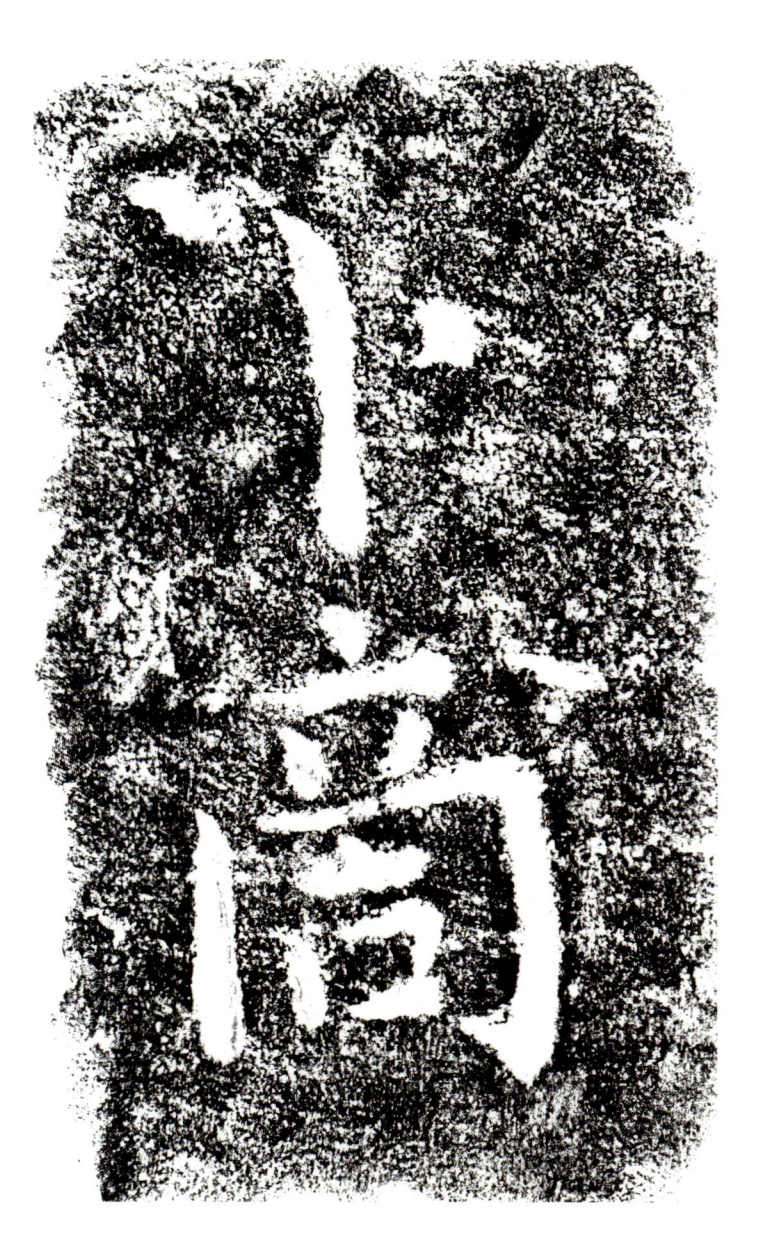

图版 14　石篆山第 6 号龛右第 5 身弟子像题名

图版 15　石篆山第 6 号龛功德主严逊及匠师文惟简镌像记

图版16　石篆山第6号龛外左碑碑阳刘纯斋撰修治庙貌神龛记碑

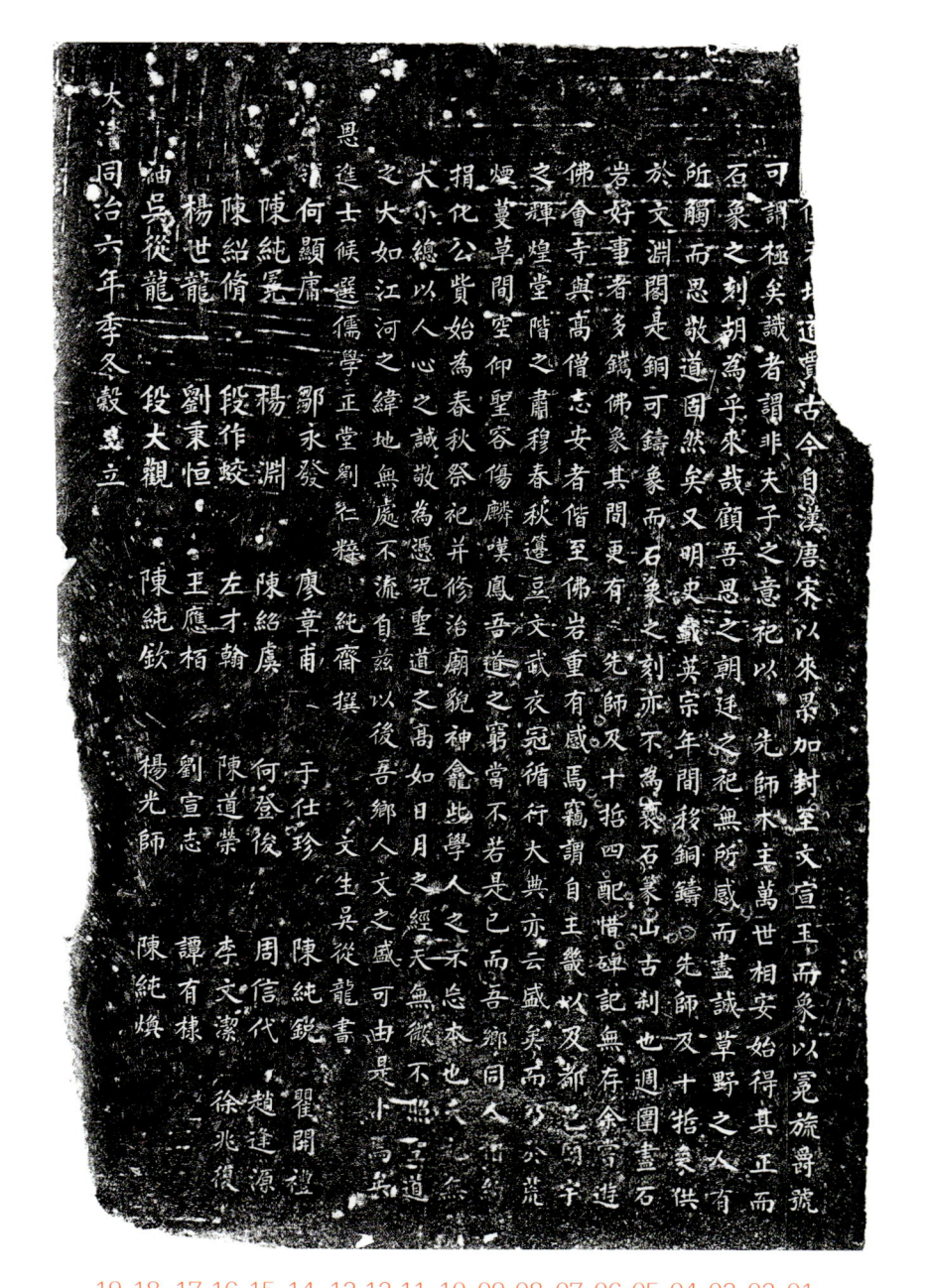

图版16　石篆山第6号龛外左碑碑阳刘纯斋撰修治庙貌神龛记碑

图版17　石篆山第6号龛外左碑碑阴县正堂示禁碑

图版17　石篆山第6号龛外左碑碑阴县正堂示禁碑

II 铭文图版　355

图版 18　石篆山第 6 号龛外右侧功德碑

图版 19　石篆山第 7 号龛中佛像左侧内起第 3 身弟子像题名

图版 19　石篆山第 7 号龛中佛像左侧内起第 3 身弟子像题名

图版 20　石篆山第 7 号龛中佛像左侧内起第 4 身弟子像题名

图版 20　石篆山第 7 号龛中佛像左侧内起第 4 身弟子像题名

图版 21　石篆山第 7 号龛中佛像左侧内起第 5 身弟子像题名

图版 22　石篆山第 7 号龛中佛像右侧内起第 3 身弟子像题名

图版 23　石篆山第 7 号龛中佛像右侧内起第 4 身弟子像题名

图版 23　石篆山第 7 号龛中佛像右侧内起第 4 身弟子像题名

图版 24　石篆山第 7 号龛中佛像右侧内起第 5 身弟子像题名

图版 25　石篆山第 7 号龛左侧龛柱戊辰年修水陆斋题记 　　　　　图版 25　石篆山第 7 号龛左侧龛柱戊辰年修水陆斋题记

图版 26　石篆山第 7 号龛右侧龛柱文惟简镌像记

图版 27　石篆山第 8 号龛主尊像题名

图版 28　石篆山第 8 号龛左第 1 身像题名

图版 29　石篆山第 8 号龛左第 2 身像题名

图版 30　石篆山第 8 号龛左第 3 身像题名

图版 30　石篆山第 8 号龛左第 3 身像题名

图版 31　石篆山第 8 号龛左第 4 身像题名 　　　　　　　　　　图版 31　石篆山第 8 号龛左第 4 身像题名

图版 32　石篆山第 8 号龛左第 5 身像题名 　　　　　　　　　　图版 32　石篆山第 8 号龛左第 5 身像题名

图版 33　石篆山第 8 号龛右第 1 身像题名

图版 33　石篆山第 8 号龛右第 1 身像题名

图版 34　石篆山第 8 号龛右第 2 身像题名

图版 34　石篆山第 8 号龛右第 2 身像题名

图版 35　石篆山第 8 号龛右第 3 身像题名 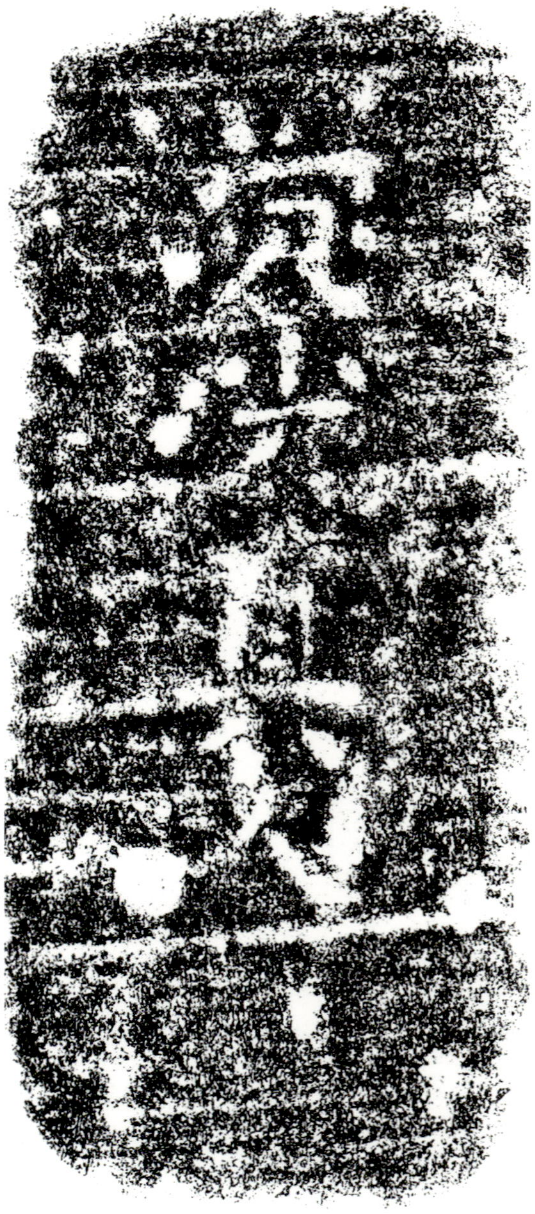　　　　　　　　　图版 35　石篆山第 8 号龛右第 3 身像题名

图版 36　石篆山第 8 号龛右第 4 身像题名

364　大足石刻全集　第五卷（下册）

图版 37　石篆山第 8 号龛右第 5 身像题名

图版 37　石篆山第 8 号龛右第 5 身像题名

图版 38　石篆山第 8 号龛右第 6 身像题名

图版 38　石篆山第 8 号龛右第 6 身像题名（2016 年拓）

Ⅱ 铭文图版　365

图版 39　石篆山第 8 号龛右第 7 身像题名

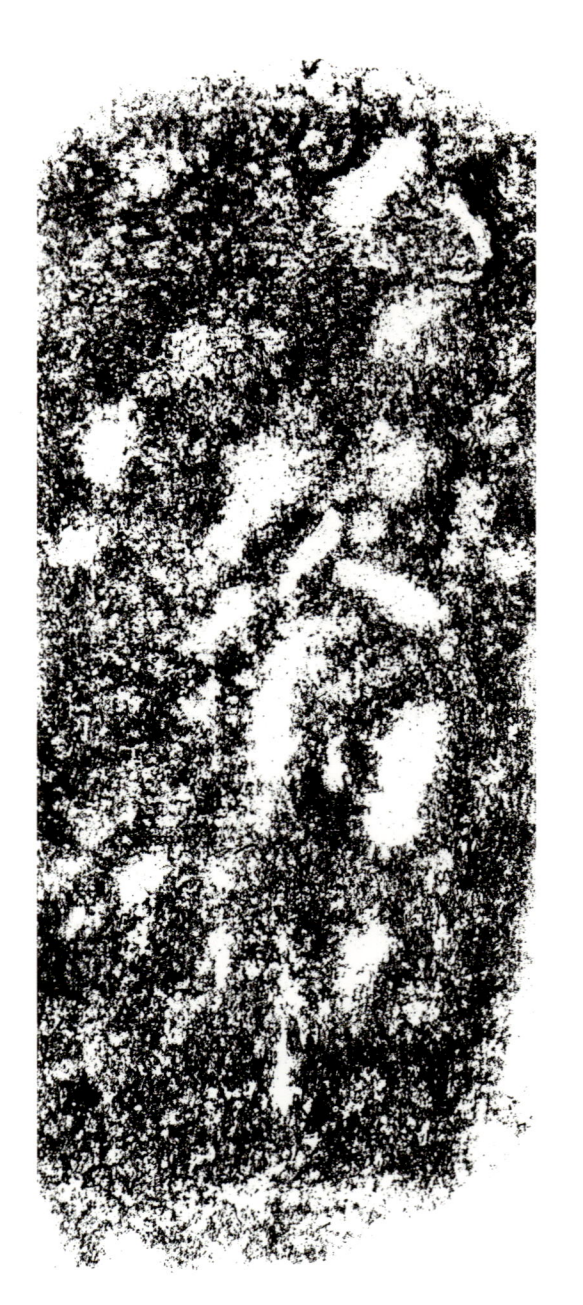

图版 39　石篆山第 8 号龛右第 7 身像题名

图版 40　石篆山第 8 号龛外右护法像题名

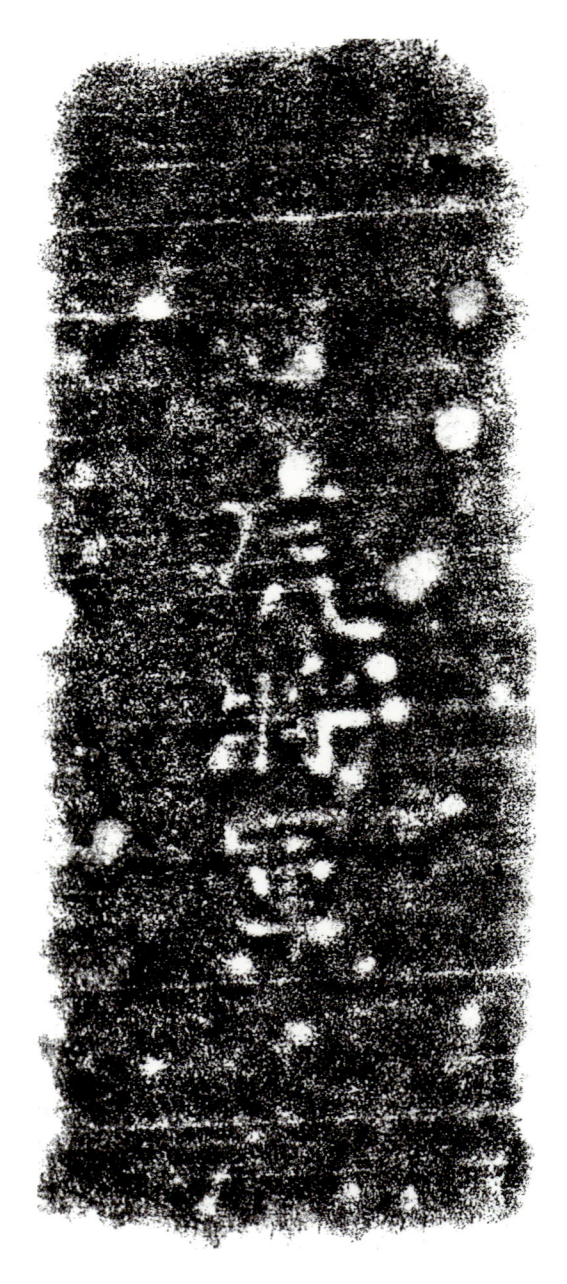

图版 40　石篆山第 8 号龛外右护法像题名（2014 年拓）

02　　　　　　01

02　　　　　　01

图版 41　石篆山第 8 号龛佚名镌太上老君龛残记　　　　　图版 41　石篆山第 8 号龛佚名镌太上老君龛残记

图版 42　石篆山第 9 号龛文惟简镌地藏十王龛造像记 　　　　　图版 42　石篆山第 9 号龛文惟简镌地藏十王龛造像记

图版 43　石篆山第 11 号龛文惟简镌像题名　　　　　　　　图版 43　石篆山第 11 号龛文惟简镌像题名（2014 年拓）

图版 44　石篆山第 12 号龛僧希昼书严逊记碑（2014 年拍摄）

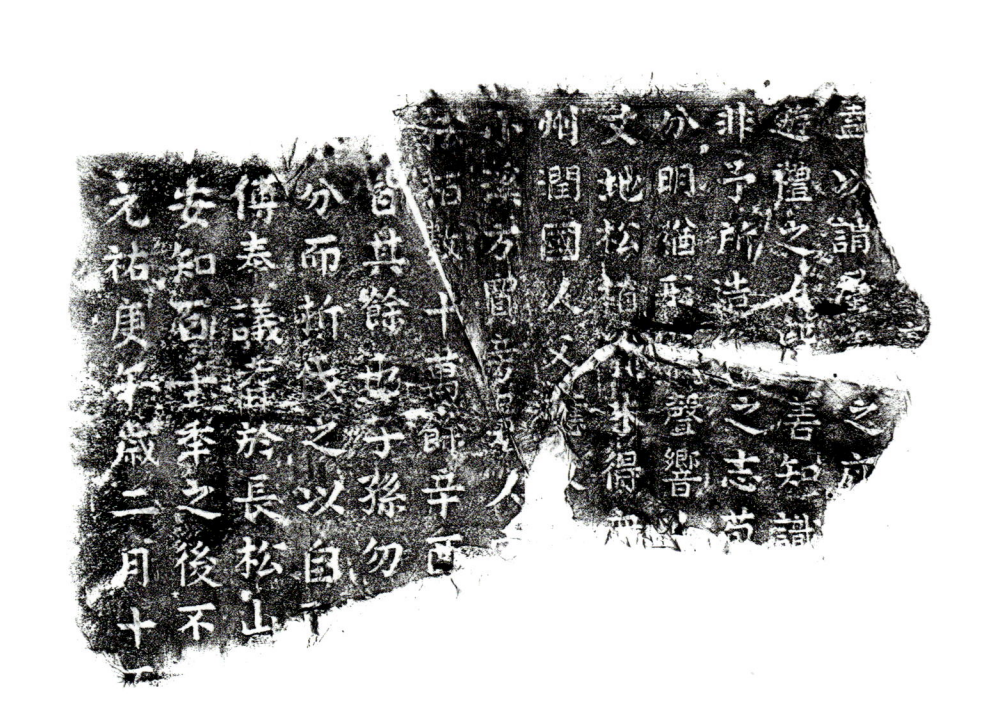

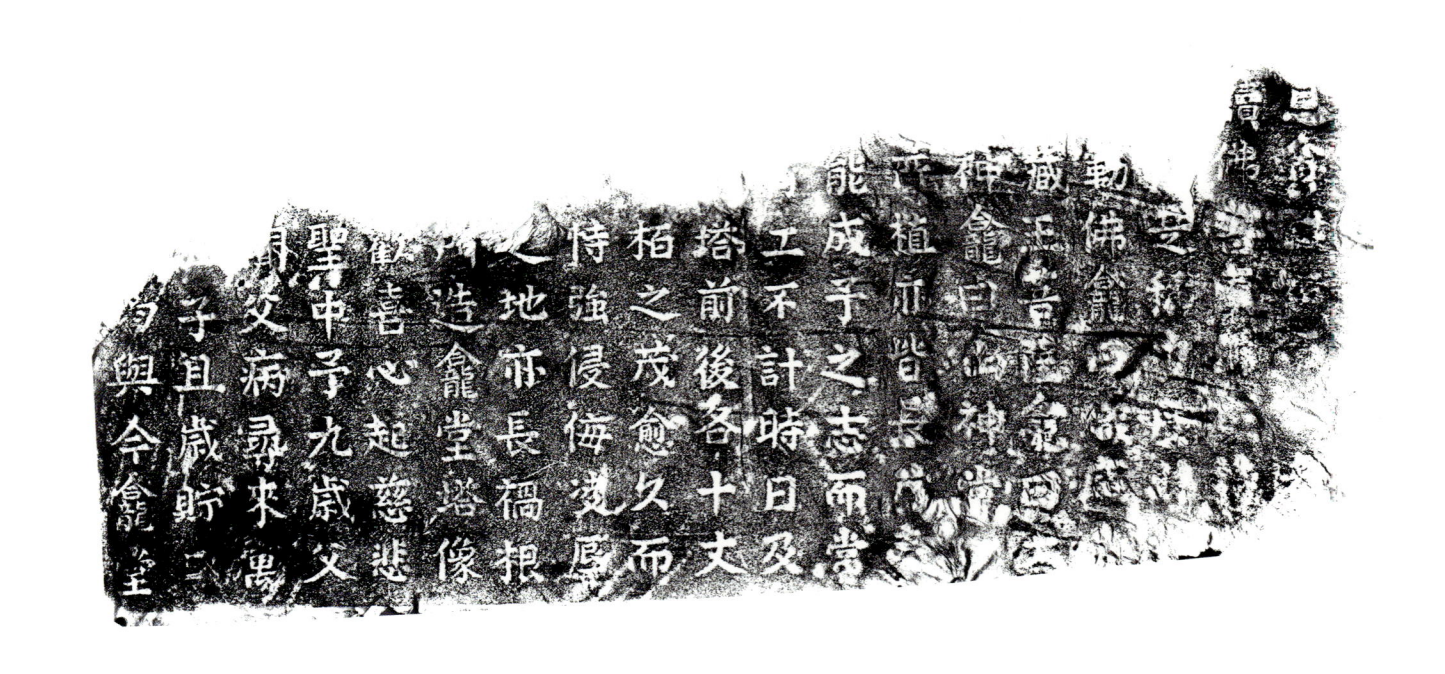

图版 44　石篆山第 12 号龛僧希昼书严逊记碑（杨光宇拓于 2003 年）

09　08　07　06　05　04　03

图版 45　石门山第 1 号龛塞忠进镌像记

09　08　07　06　05　04　03

图版 45　石门山第 1 号龛塞忠进镌像记

02　　01

图版 46　石门山第 1 号龛培修残记

02　　01

图版 46　石门山第 1 号龛培修残记（2015 年拓）

Ⅱ 铭文图版　371

图版 47　石门山第 2 号龛左神将像题名　　　　　　　图版 47　石门山第 2 号龛左神将像题名

图版 48　石门山第 2 号龛右神将像题名　　　　　　　图版 48　石门山第 2 号龛右神将像题名

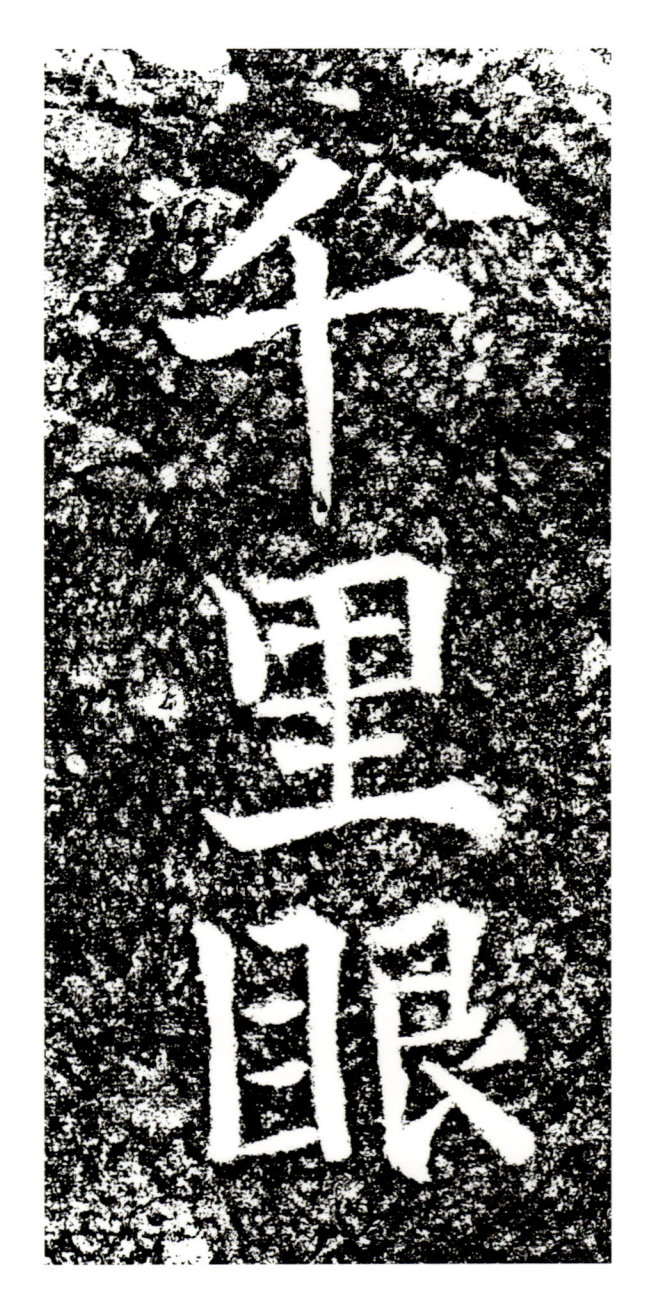

06　05　04　03　02　01

图版 49　石门山第 2 号龛杨伯高造杨文忻真容像镌记

06　05　04　03　02　01

图版 49　石门山第 2 号龛杨伯高造杨文忻真容像镌记

04　03　02　01

图版 50　石门山第 2 号龛杨伯高造二神将像镌记

04　03　02　01

图版 50　石门山第 2 号龛杨伯高造二神将像镌记

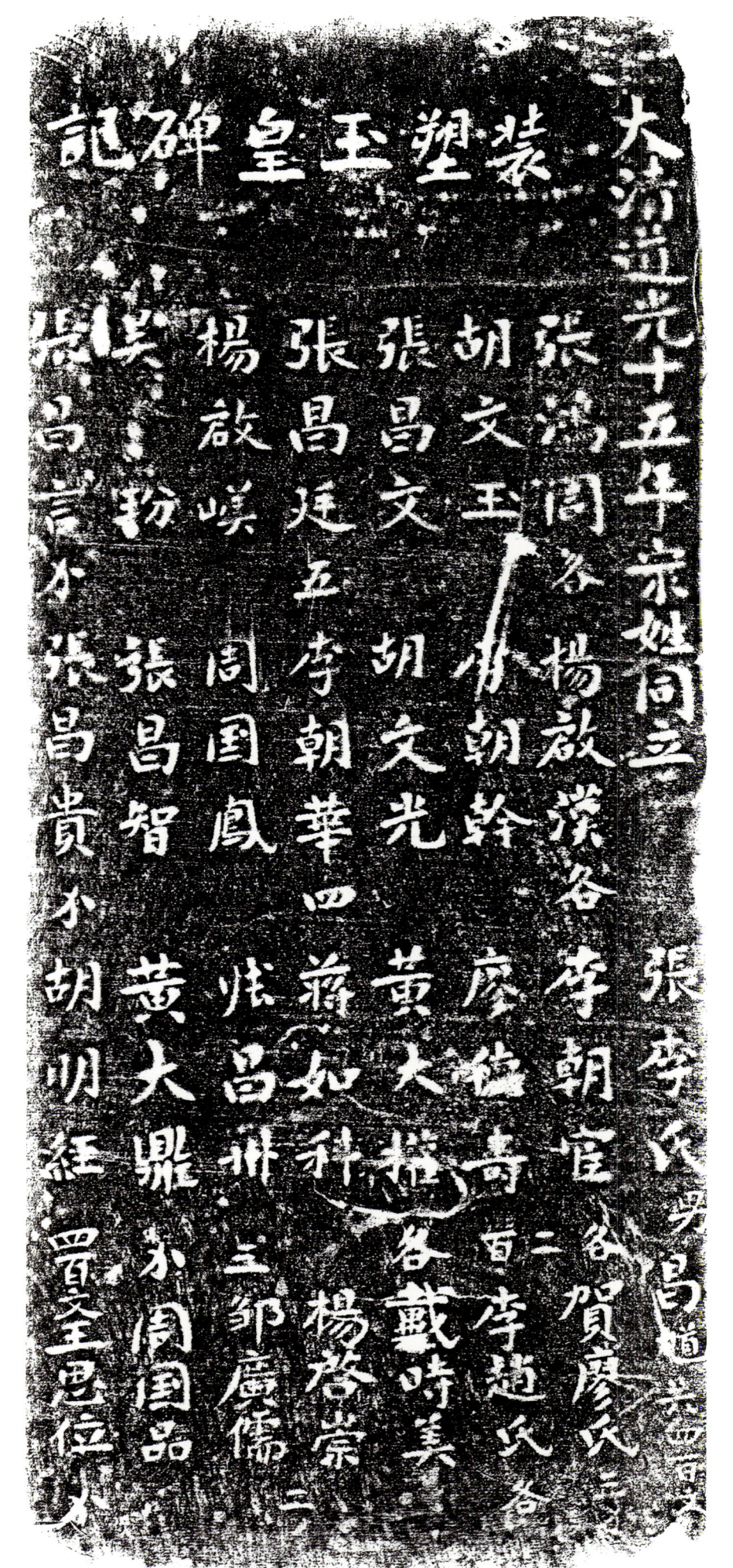

大清道光十五年宗姓同立
装塑玉皇碑记

張鴻同各楊啟漢谷李朝宜各賀廖氏二
胡文玉小朝幹百李趙氏谷
張昌文胡文光黃大揹谷戴時美
張昌廷五李朝華四蔣如科楊啟崇
楊啟嘆周國鳳姓昌卅三鄒廬儒
吳昌言不張昌貴不胡明經置全恩位次

图版51 石门山第2号龛外众姓同立装塑玉皇碑记

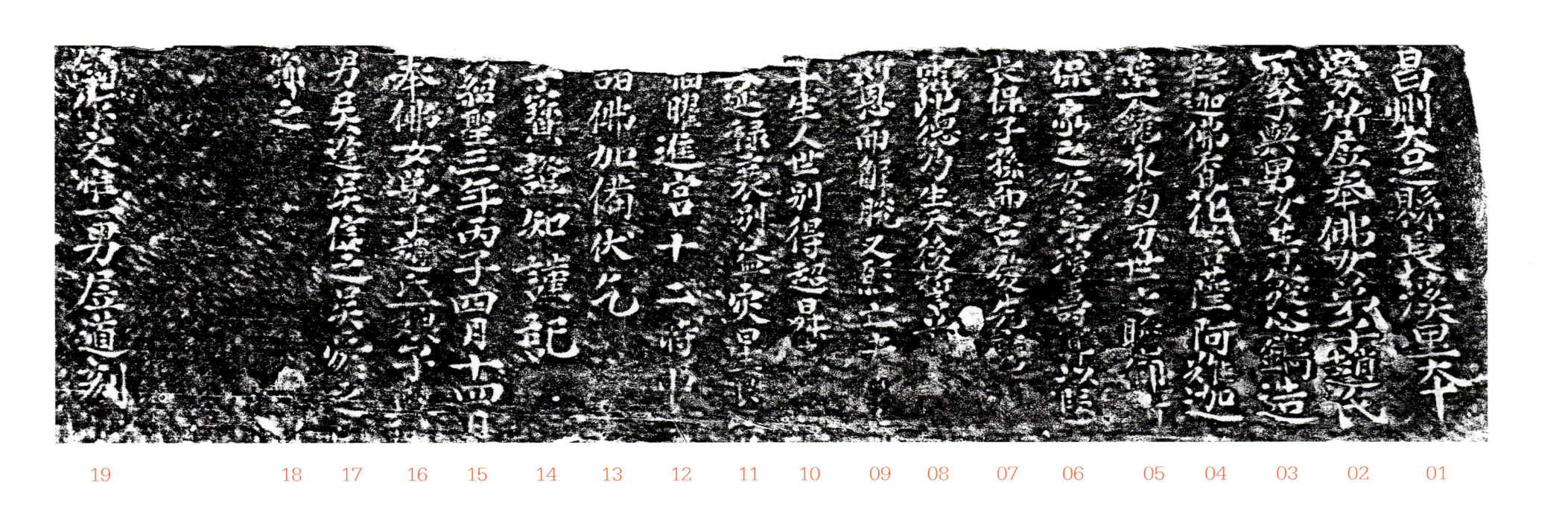

图版 52　石门山第 3 号龛赵氏一娘子镌释迦佛龛记及匠师题名

图版 52　石门山第 3 号龛赵氏一娘子镌释迦佛龛记及匠师题名

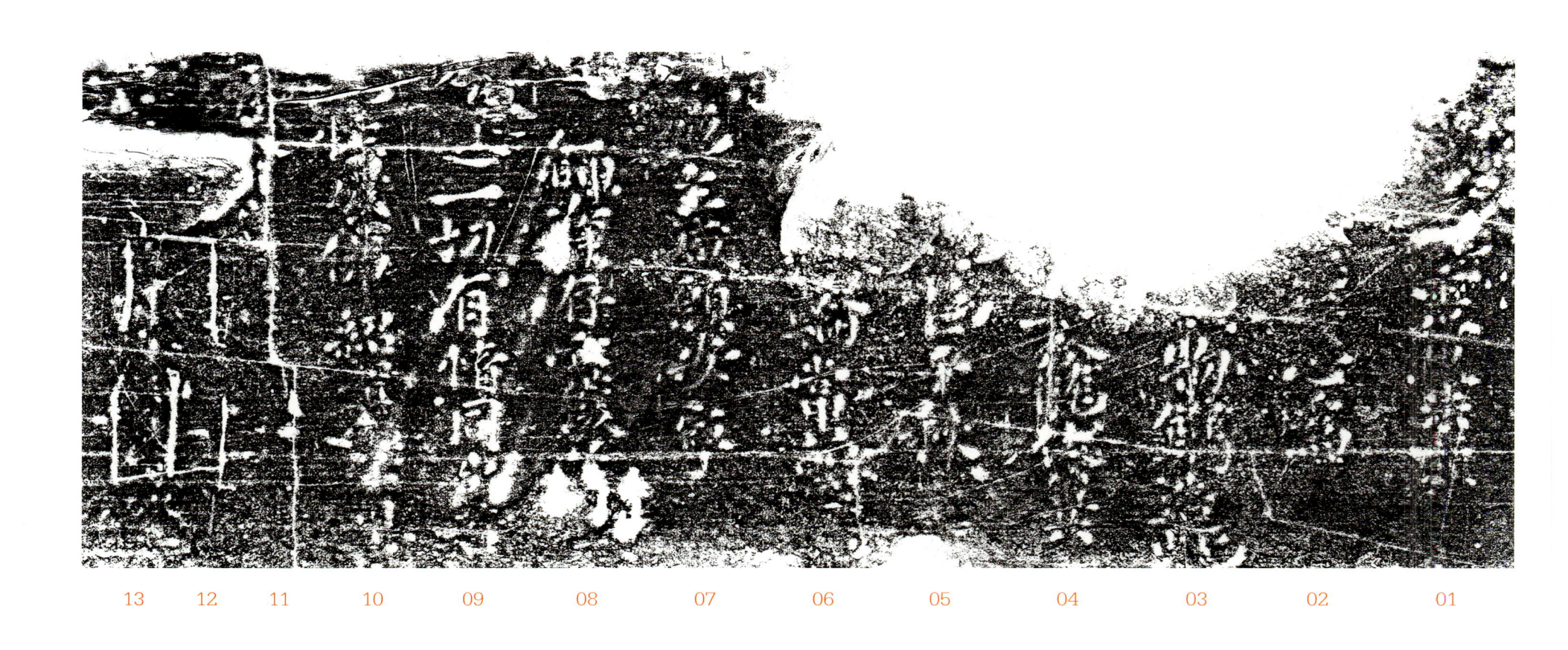

13　12　11　10　09　08　07　06　05　04　03　02　01

图版53　石门山第 4 号龛僧法顺镌水月观音龛记

13　12　11　10　09　08　07　06　05　04　03　02　01

图版53　石门山第 4 号龛僧法顺镌水月观音龛记

图版 54　石门山第 5 号龛赵维元捐刻阿弥陀佛像镌记

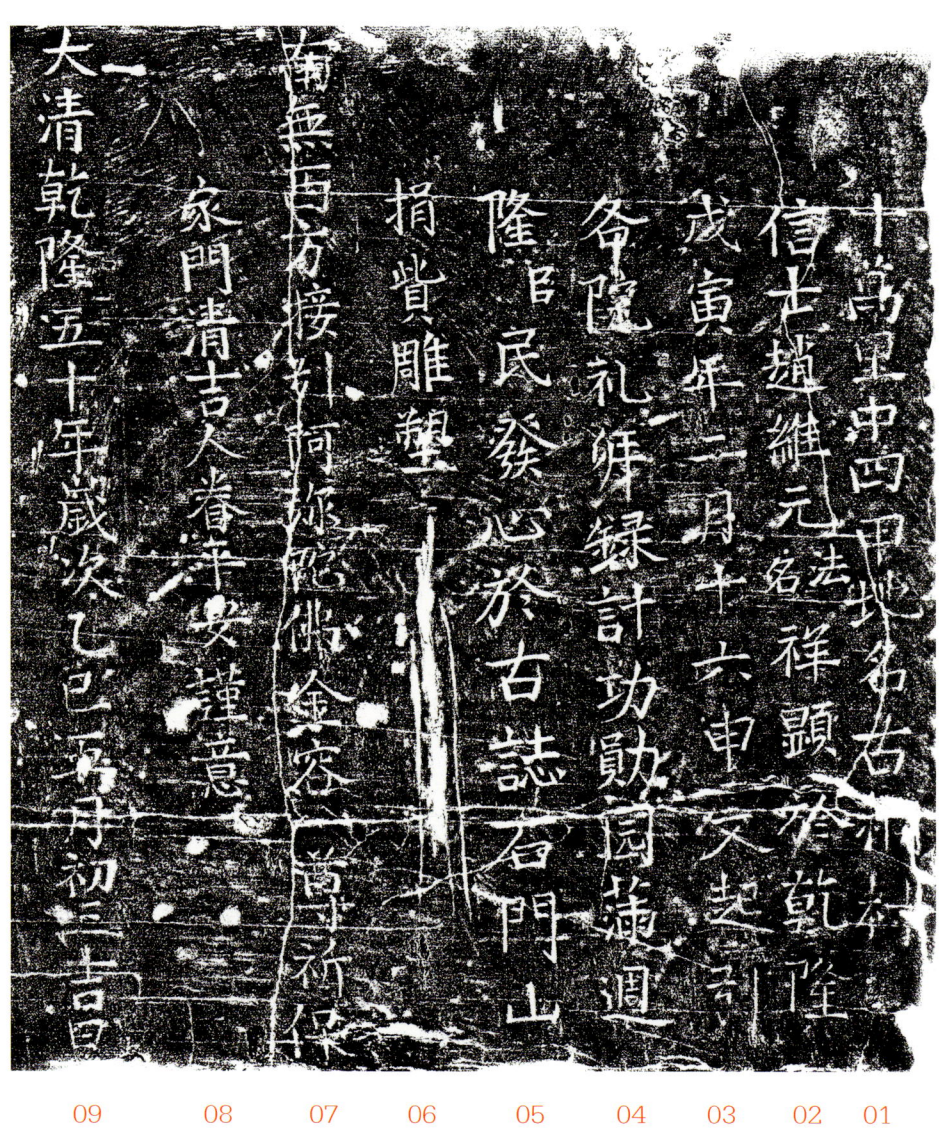

图版 54　石门山第 5 号龛赵维元捐刻阿弥陀佛像镌记

图版 55　石门山第 5-1 号龛题名

图版 55　石门山第 5-1 号龛题名

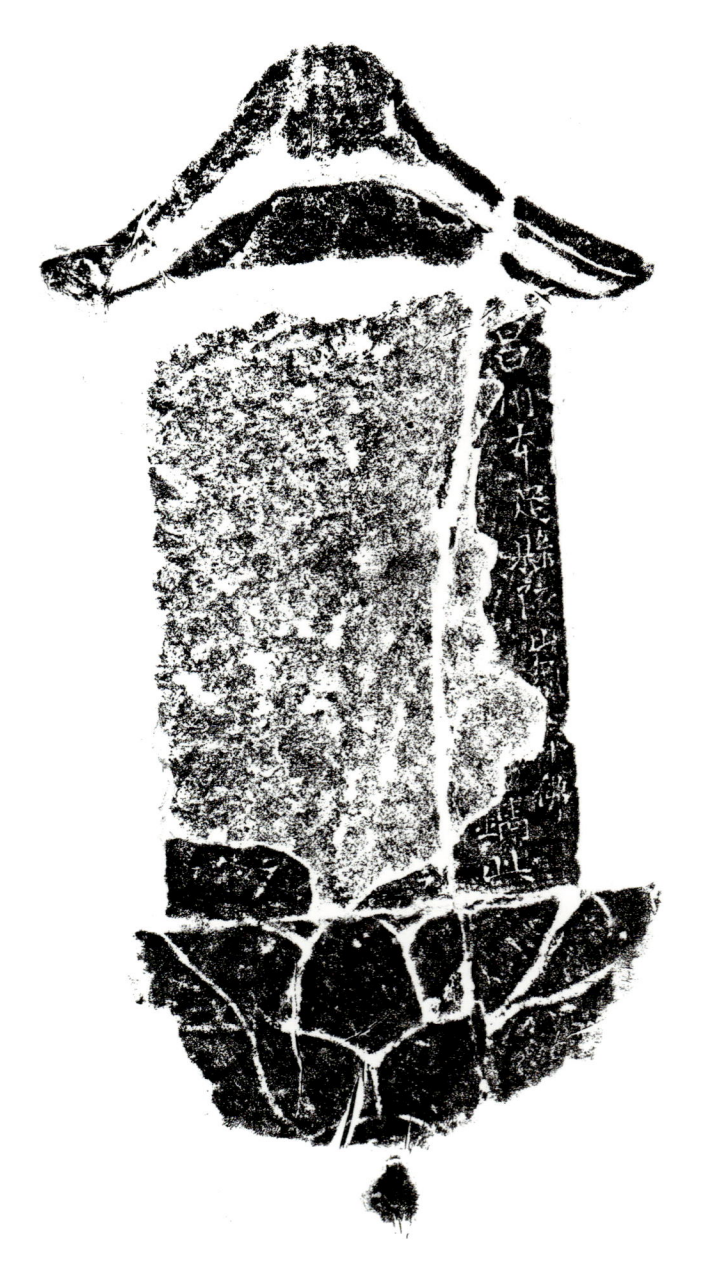

图版 56　石门山第 6 号窟正壁左侧菩萨像佚名造正法明王观音像镌记

图版 56　石门山第 6 号窟正壁左侧菩萨像佚名造正法明王观音镌记（2015 年拓）

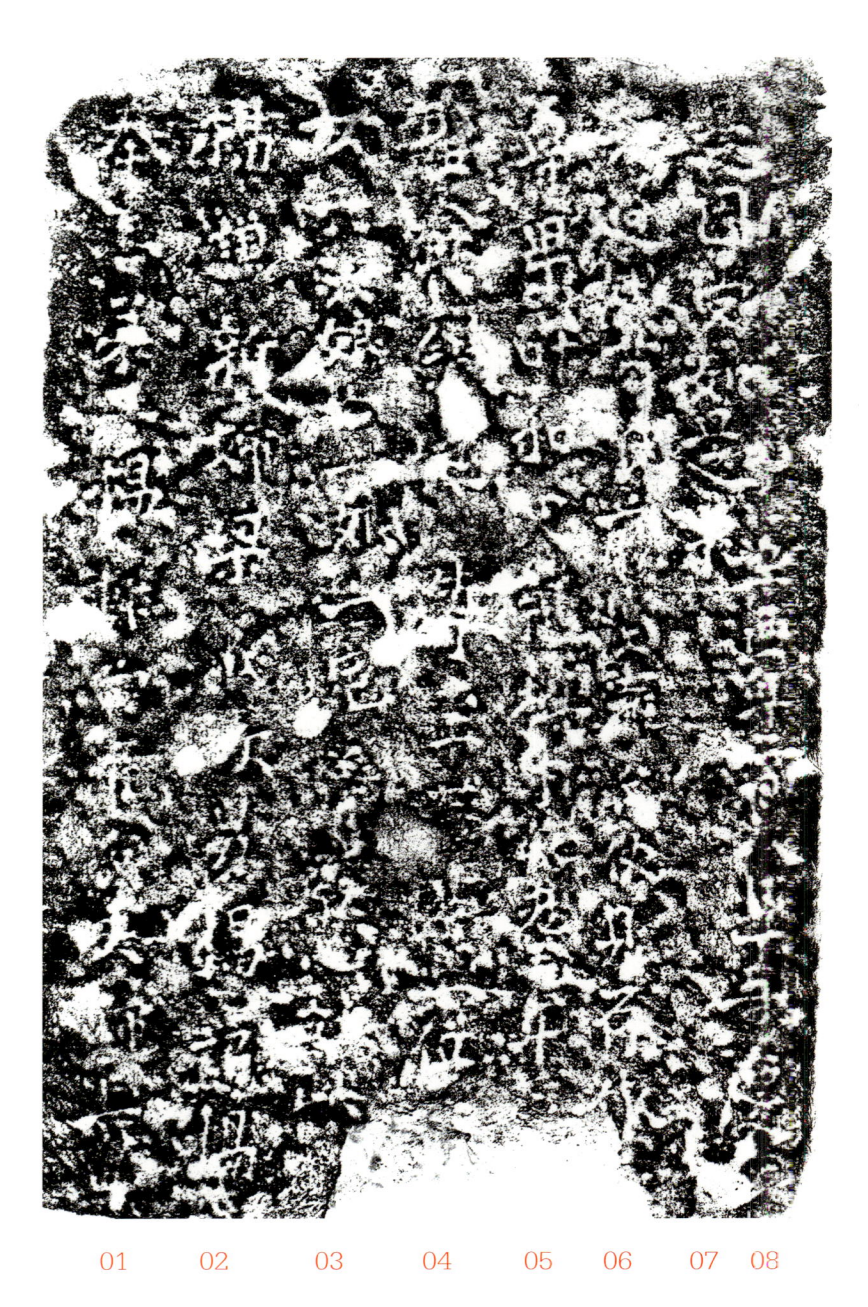

01　02　03　04　05　06　07　08

图版 57　石门山第 6 号窟正壁右侧菩萨像杨作安造大势至菩萨镌记

01　02　03　04　05　06　07　08

图版 57　石门山第 6 号窟正壁右侧菩萨像杨作安造大势至菩萨镌记

11 10 09 08 07 06 05 04 03 02 01

图版 58　石门山第 6 号窟左壁内起第 1 像岑忠用修造十圣观音洞镌记

11 10 09 08 07 06 05 04 03 02 01

图版 58　石门山第 6 号窟左壁内起第 1 像岑忠用修造十圣观音洞镌记

II 铭文图版　379

08 07 06 05 04 03 02 01

08 07 06 05 04 03 02 01

图版 59 石门山第 6 号窟左壁内起第 3 像岑忠志造宝蓝手观音镌记

图版 59 石门山第 6 号窟左壁内起第 3 像岑忠志造宝蓝手观音镌记

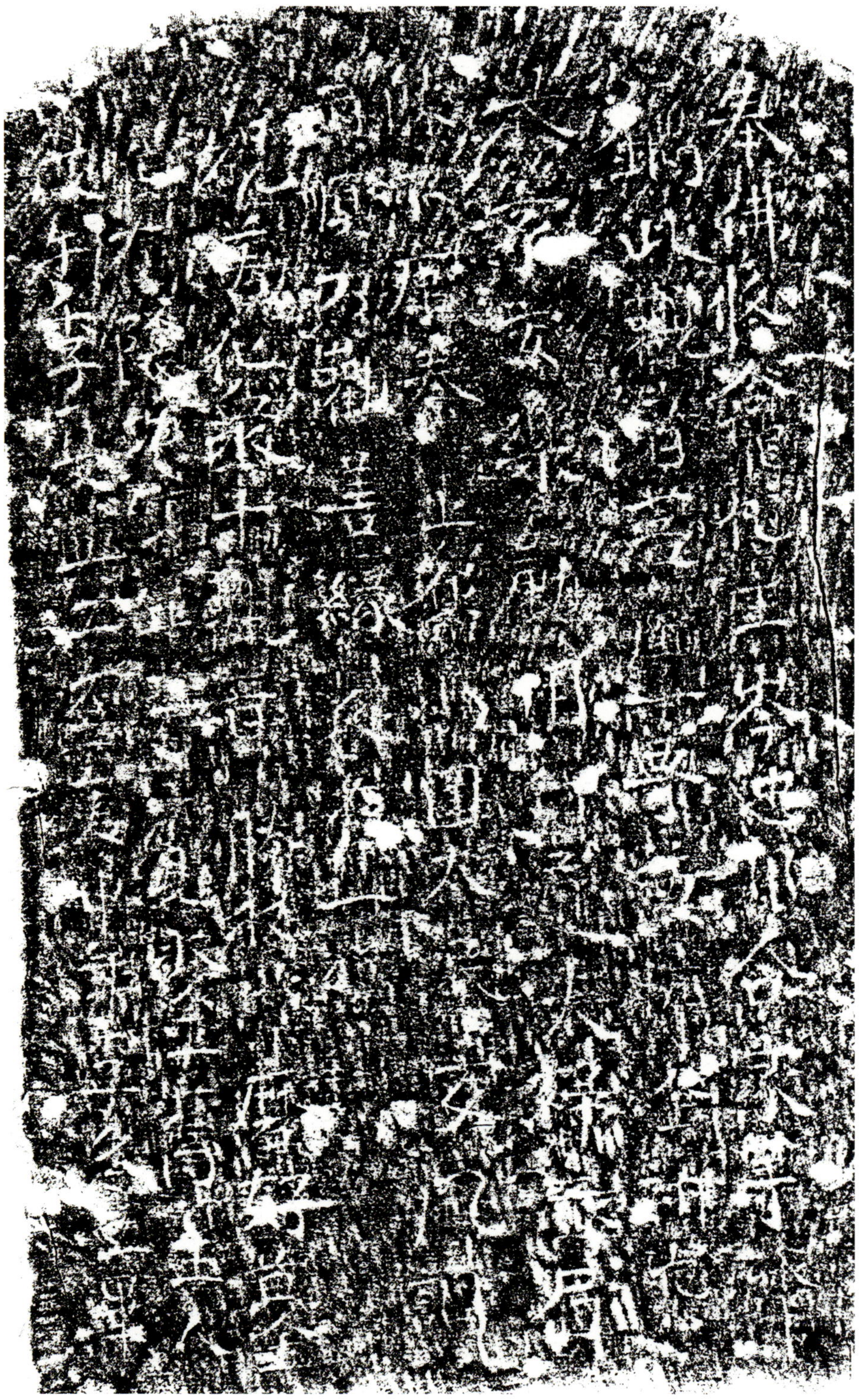

图版 60　石门山第 6 号窟左壁内起第 4 像岑忠用造宝经手观音镌记

图版 60　石门山第 6 号窟左壁内起第 4 像岑忠用造宝经手观音镌记

图版 61　石门山第 6 号窟左壁内起第 5 像岑忠信造宝扇手观音龛记

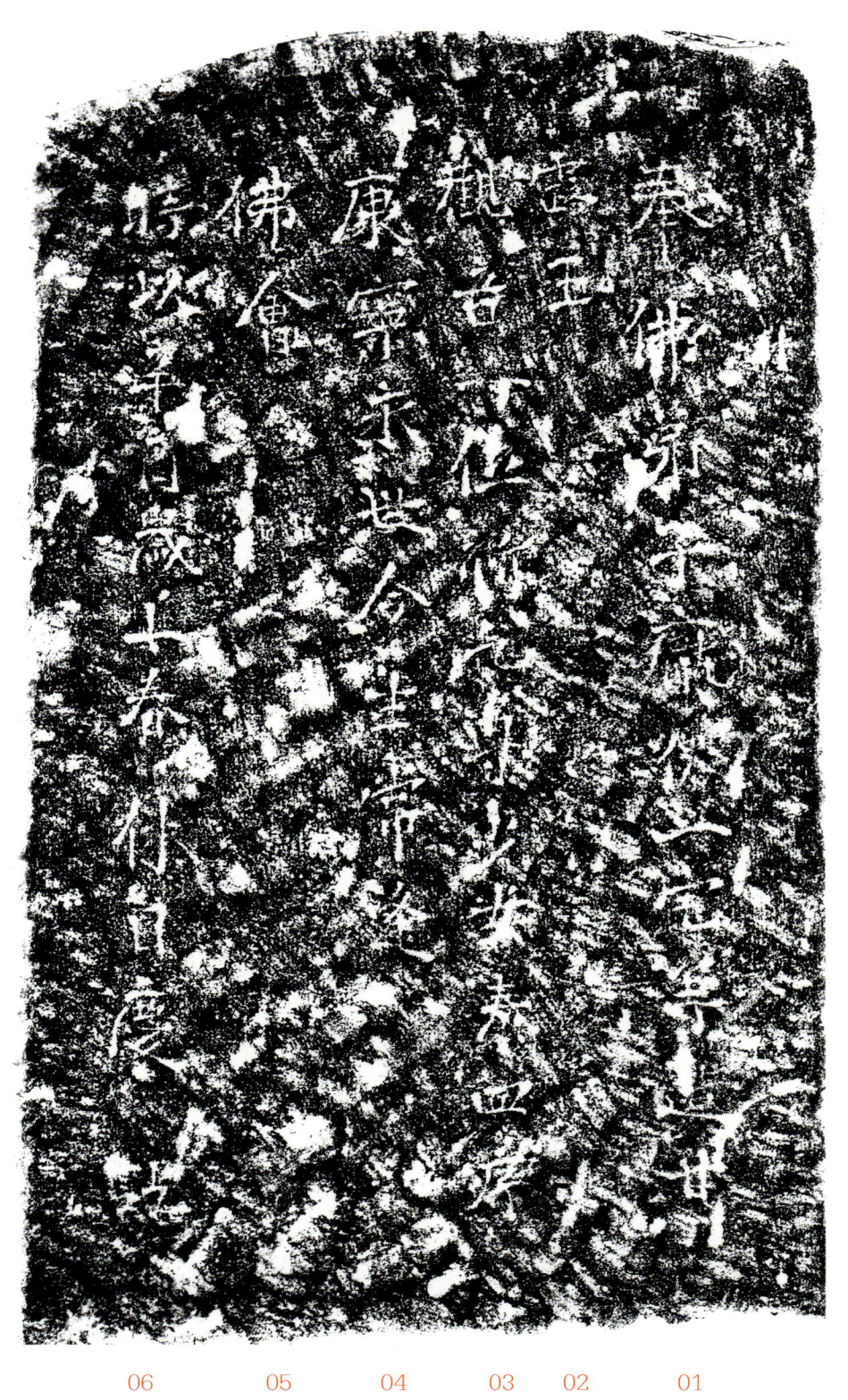

图版 62　石门山第 6 号窟左壁内起第 6 像庞休造甘露玉观音镌记

图版 63　石门山第 6 号窟左壁内起第 7 像侯惟正造善财功德像镌记

图版 64　石门山第 6 号窟右壁内起第 2 像甑典□造宝莲手观音镌记

图版65　石门山第6号窟右壁内起第3像赵勤典造宝镜观音镌记

图版66　石门山第6号窟右壁内起第4像陈充造莲花手观音镌记

图版 67　石门山第 6 号窟右壁内起第 5 像庞师上造如意轮观音镌记

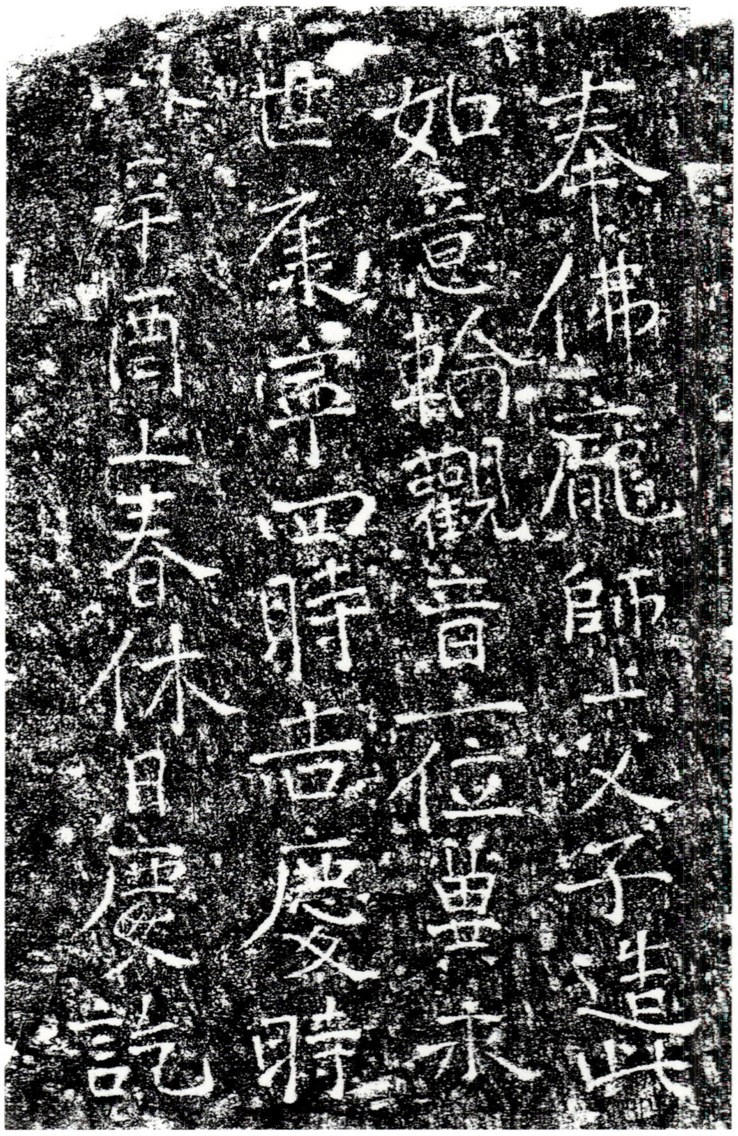

图版 68　石门山第 6 号窟右壁内起第 6 像侯良造数珠手观音镌记

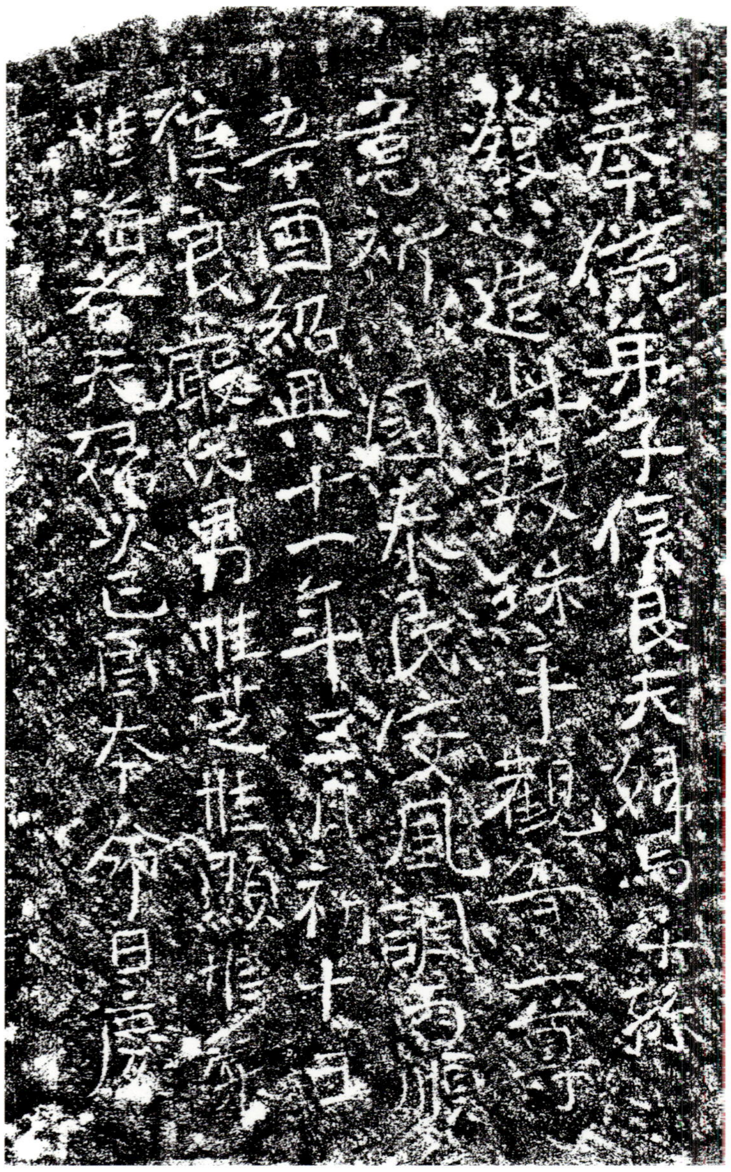

图版 69　石门山第 6 号窟右壁内起第 7 像谢继隆造献珠龙女镌记

图版 69　石门山第 6 号窟右壁内起第 7 像谢继隆造献珠龙女镌记

图版70　石门山第6号窟口上方募化装塑佛菩萨像镌记

图版70　石门山第6号窟口上方募化装塑佛菩萨像镌记（2015年拓）

图版71　石门山第8-2号龛达荣修理功字镌记　　　　　　　　图版71　石门山第8-2号龛达荣修理功字镌记

图版 72　石门山第 11-1 号龛宋以道书"圣府洞"题刻

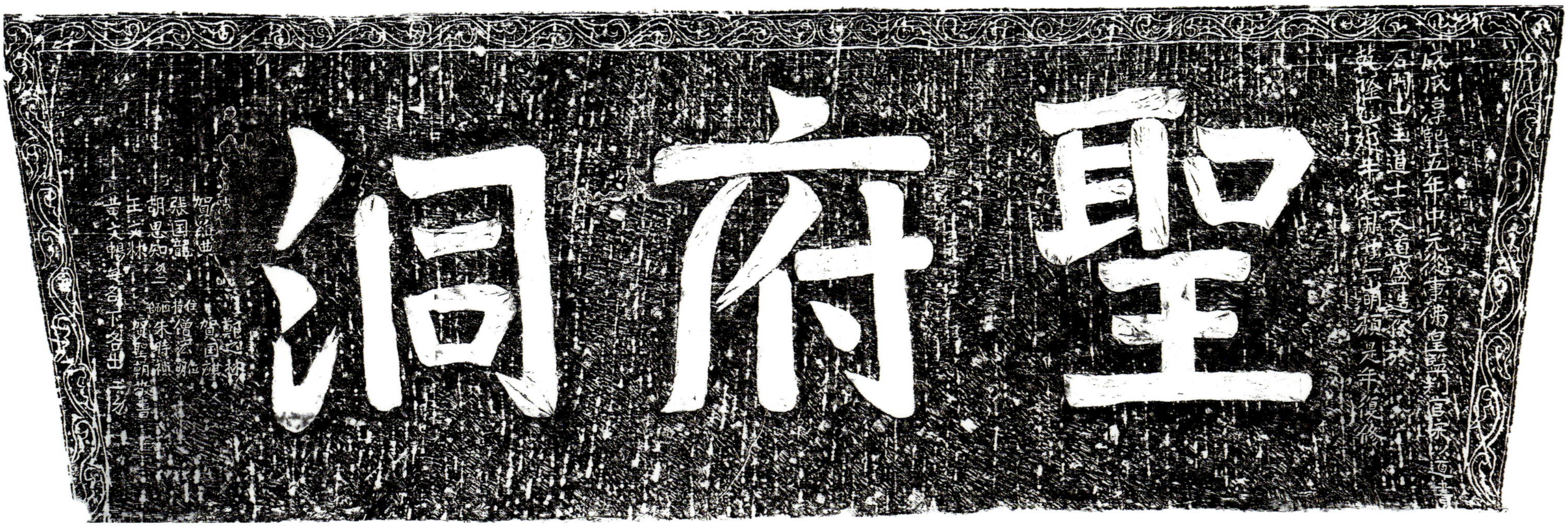

图版 72　石门山第 11-1 号龛宋以道书"圣府洞"题刻

图版 73　石门山第 12 号龛邓栻纪行诗碑

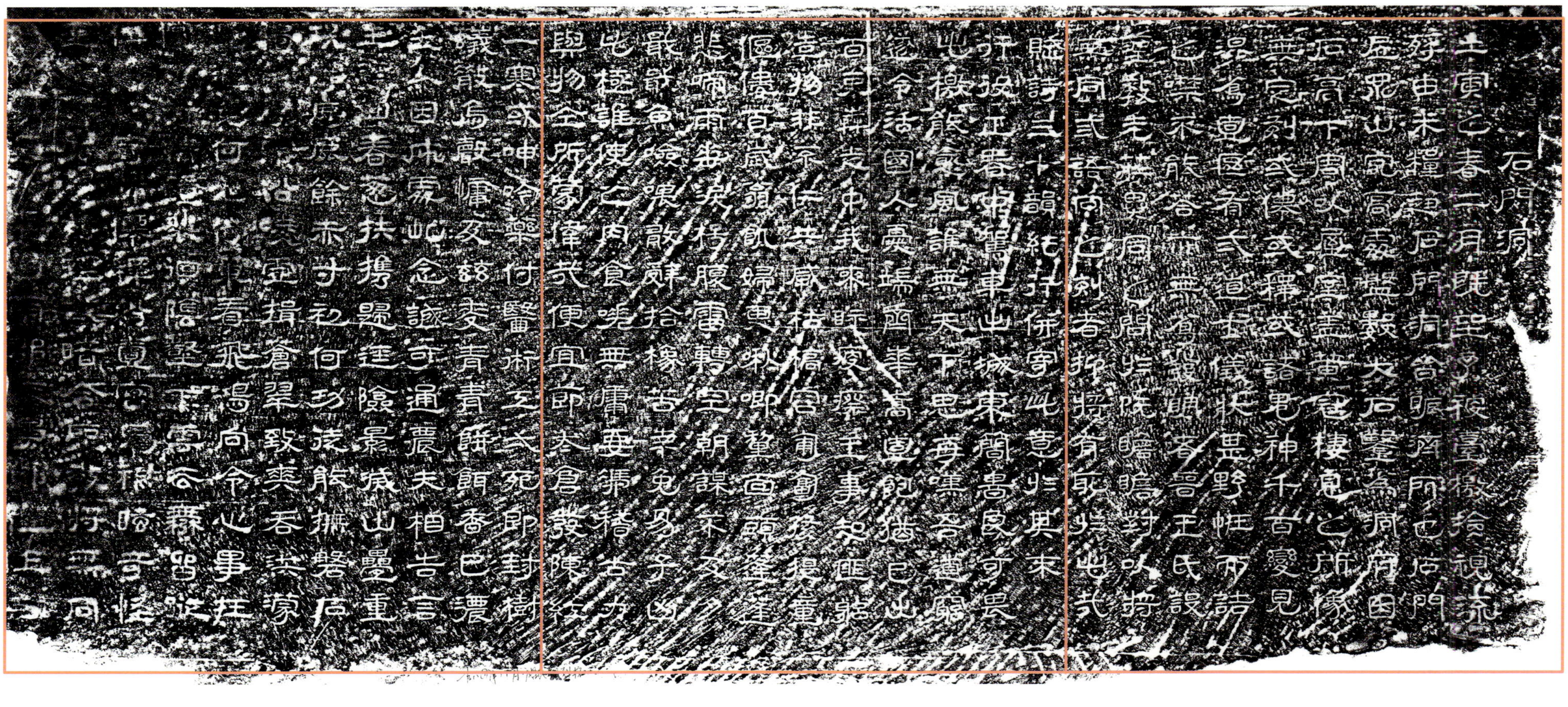

图版 73　石门山第 12 号龛邓栻纪行诗碑

| 10 | 09 | 08 | 07 | 06 | 05 | 04 | 03 | 02 | 01 |

| 10 | 09 | 08 | 07 | 06 | 05 | 04 | 03 | 02 | 01 |

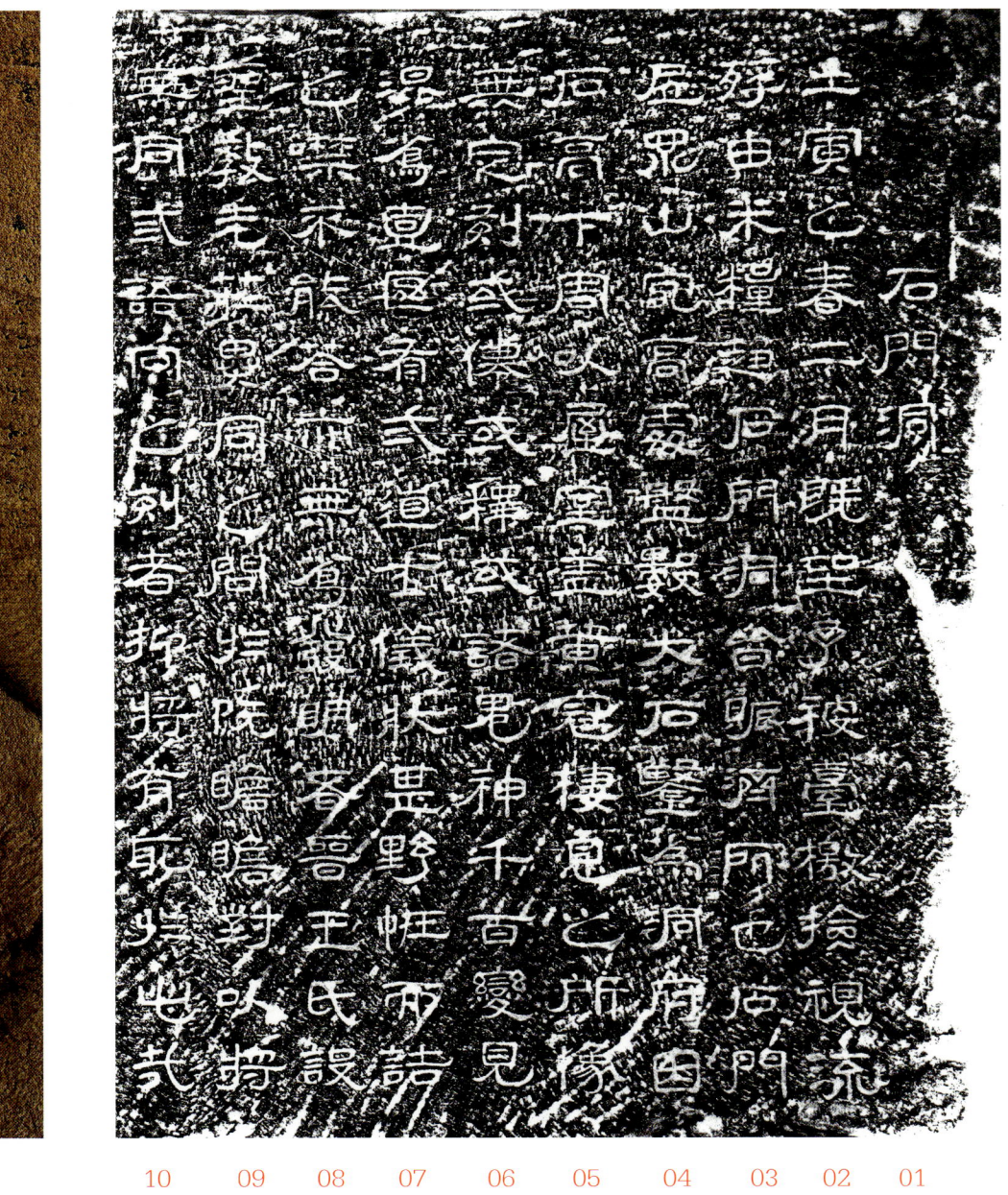

图版 73-1　邓棳纪行诗碑 A 组碑文　　　　　　　　　　图版 73-1　邓棳纪行诗碑 A 组碑文

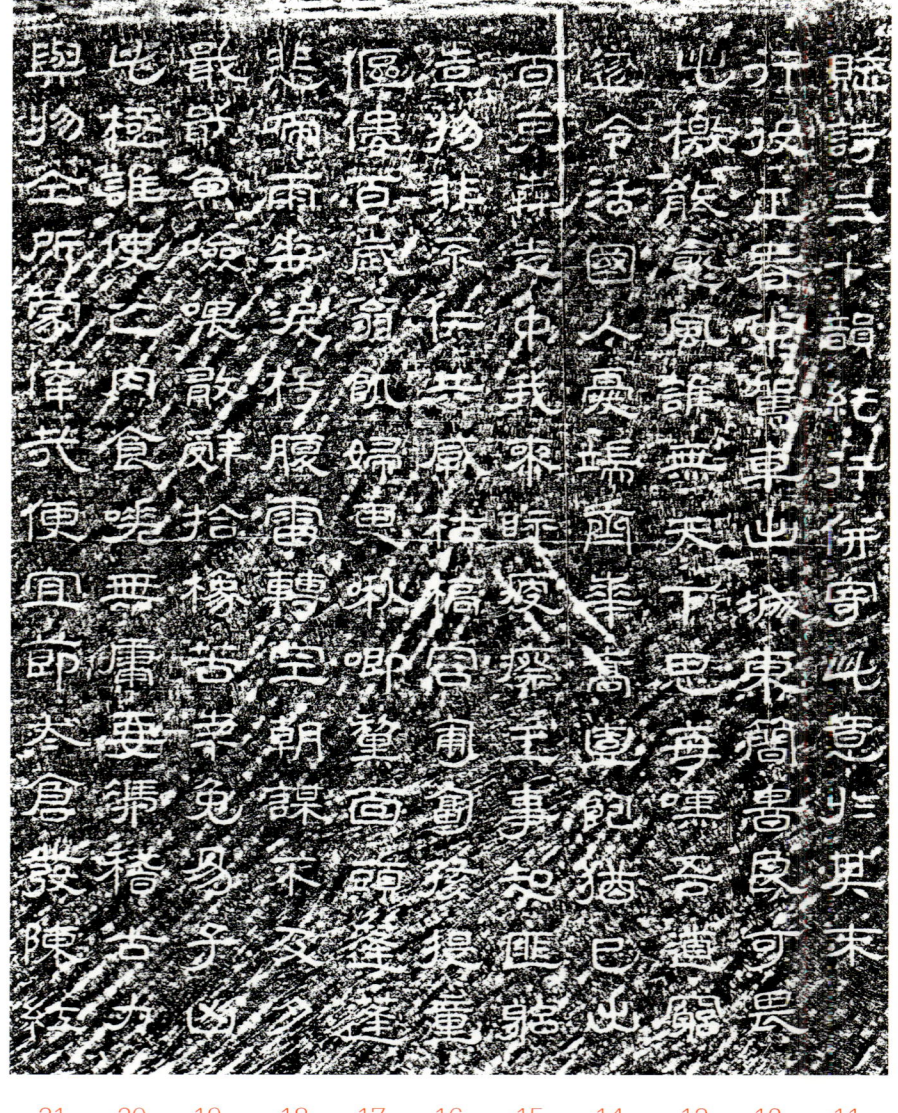

21 20 19 18 17 16 15 14 13 12 11　　　21 20 19 18 17 16 15 14 13 12 11

图版 73-2　邓栻纪行诗碑 B 组碑文　　　　　　　　图版 73-2　邓栻纪行诗碑 B 组碑文

图版 73-3　邓柽纪行诗碑 C 组碑文

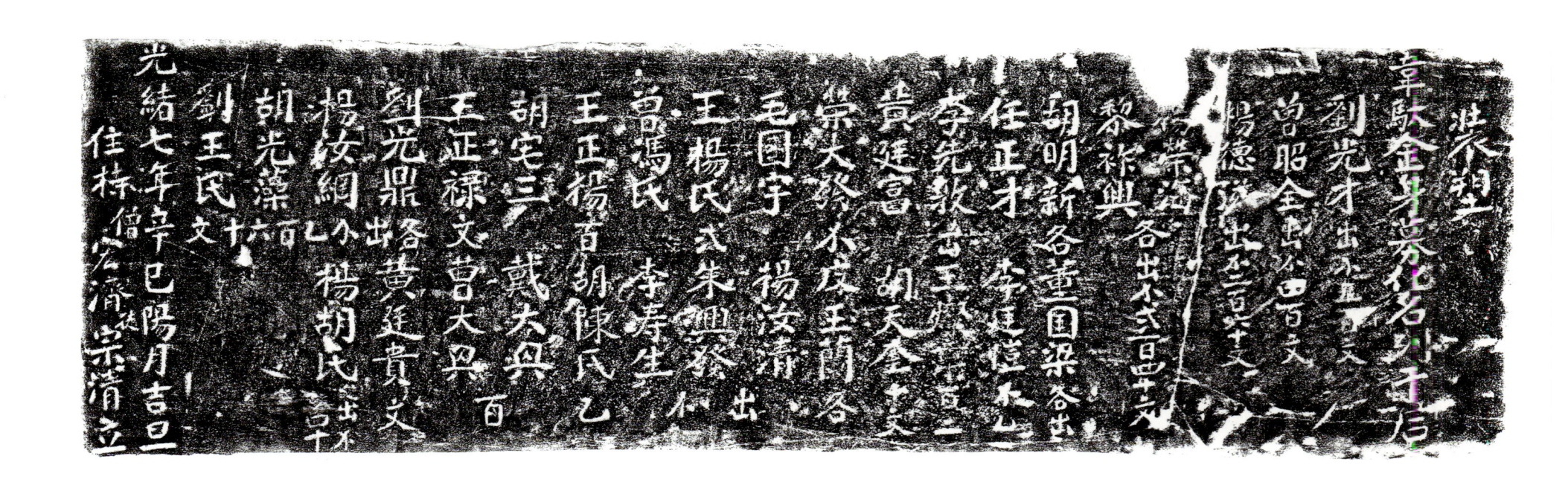

图版 74　石门山第 12-1 号龛僧宏济装塑韦驮金身记碑

图版 74　石门山第 12-1 号龛僧宏济装塑韦驮金身记碑

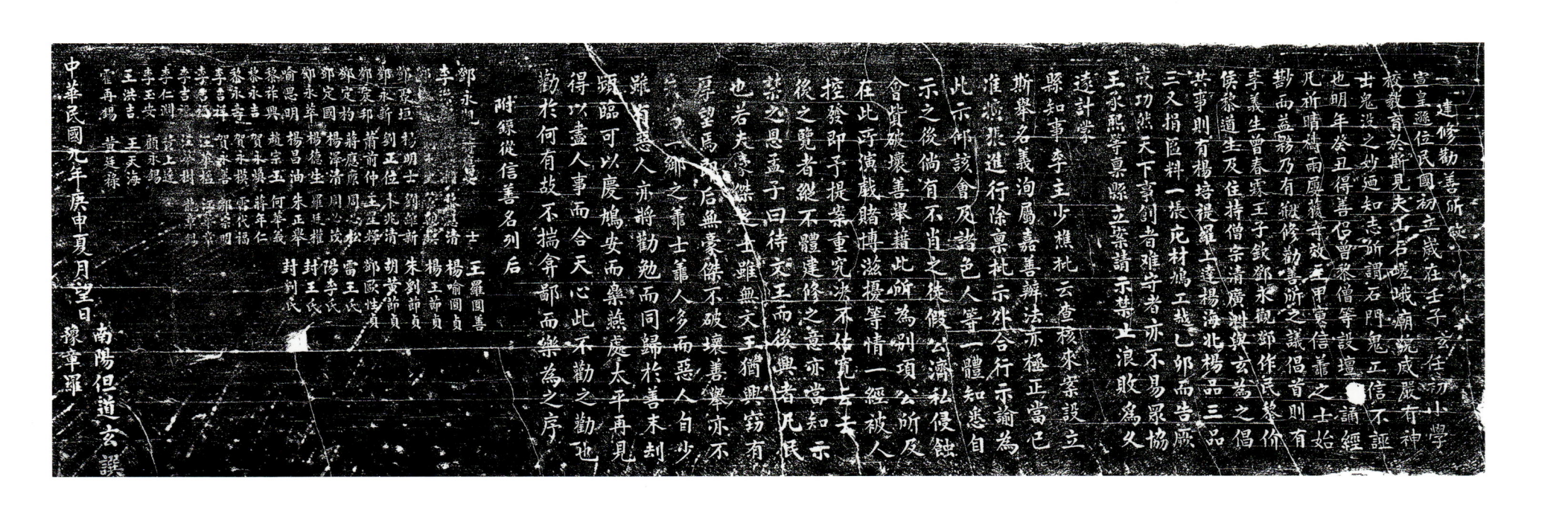

图版75　石门山第12-2号龛但道玄撰建修劝善所叙碑

一建修勸善所敘
宣統遜位民國初立歲在壬子玄任訪小
學被裁育以斯見夫正右峨嵋廟既成嚴有神
士卷設之劝迴知志祈謂石門鬼工信不誣經
也明年癸丑得善但曾聚僧募設壇誦
凡祈晴鳩而鳳籲奇效三甲寅信善倡首則有
勸而益勢乃有殽修勸募之議而民藝之士
揚鄧王子欽鄧求覩作民品三品告廠
李姜生曾春聚王子及住持僧宗清廣世與玄協為之久
候參道生有楊培捷羅上遠楊海北楊品三品告廠
共事則有楊培捷羅上遠楊氏材鳩工栈已邱而
三又捐區材一張氏材鳩工栈已邱而告廠
王家熙等臬縣立藥靖示禁止浪敗為久協
寇功然天下享訂者難奇考亦不易眾協
透計學
縣知事李少維批云杳核來稟設立
斯舉名義洵屬嘉善辦法亦極正當巳
在此呼演聚博滋援等情一經査核
准擬批進行徐稟批示諭為諸色人等一體知悉自
此示倘該會及善色人等一體知悉
示之後倘有不肖僧徒假公濟私侵蝕
會資破壞善舉准即扭送被人及
紫必懲夫豪傑此雖文王獨興者凡民
也若夫豪傑不破壞善舉亦不
厚望焉郡之靠士甚人多而惡人自少
鼎有恚人亦將勸勉而同歸於善末刻
得以盡人事而合天心此不勤之勤
勤於何有故不揣俞鄙而樂為之序
附錄從信善名列后
鄧永門
李永
士王羅國善
楊喻閏員
刘正任
楊翱王前員
朝黃節員
賀劉治
封朱正師
封陽吕依正
封王
中華民國九年庚申夏月望日南陽但道玄謀

图版75　石门山第12-2号龛但道玄撰建修劝善所叙碑

图版 76　石门山第 12-3 号龛 "杏林宫" 题刻

图版 76　石门山第 12-3 号龛 "杏林宫" 题刻

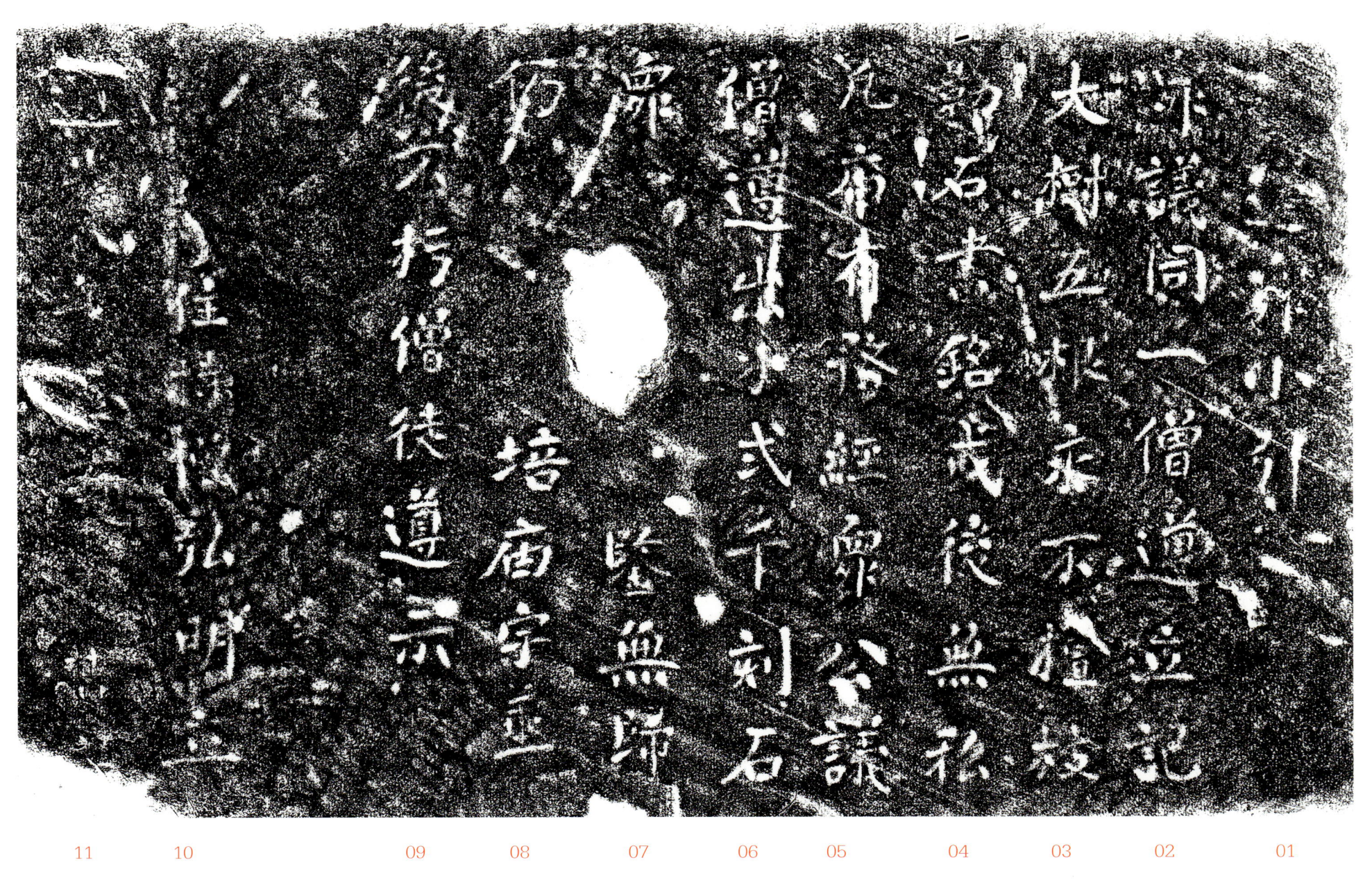

图版77　石门山第13号龛僧弘明立道众小引碑

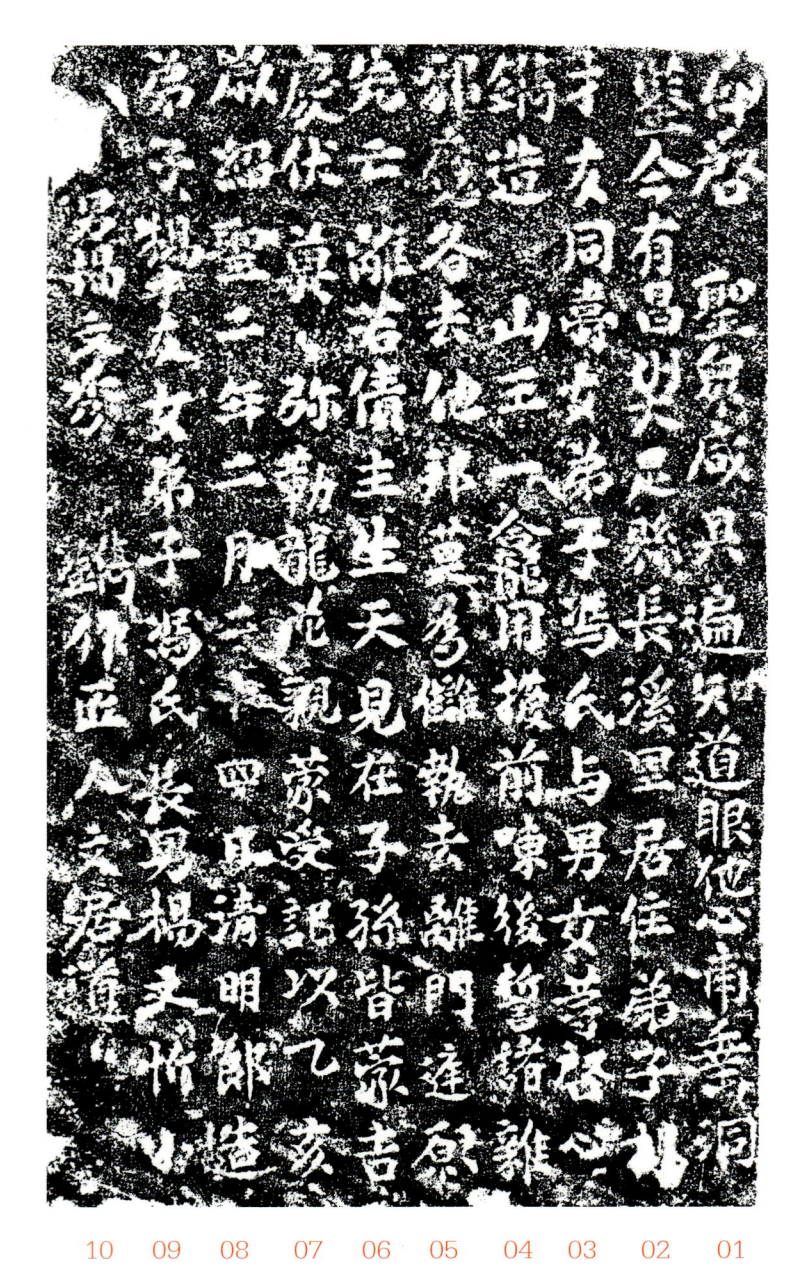

图版 78　石门山第 13-1 号龛杨才友造山王龛镌记及匠师镌名

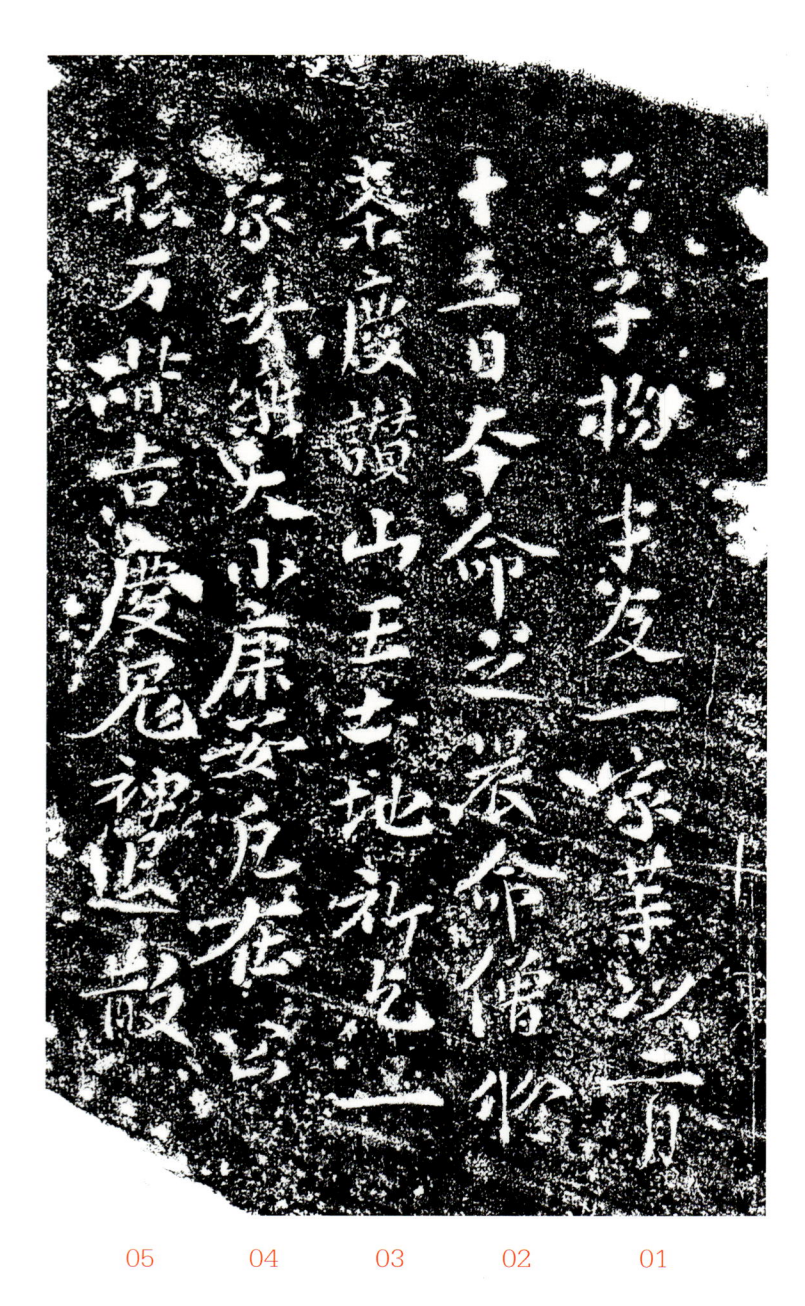

图版 79　石门山第 13-1 号龛杨才友修斋庆赞记

图版 80　石门山第 13-1 号龛佚名立重□荡荡碑

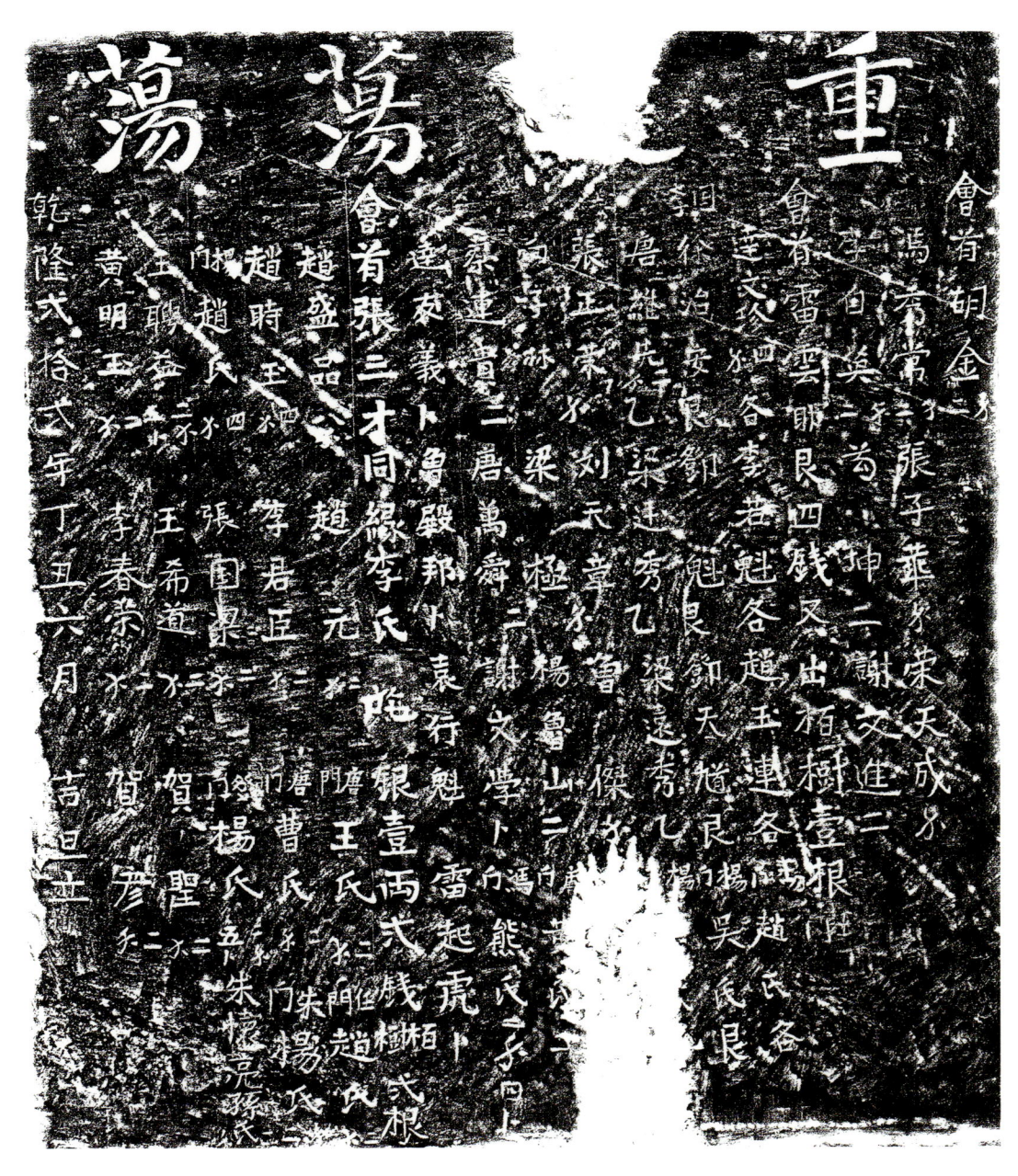

图版 80　石门山第 13-1 号龛佚名立重□荡荡碑

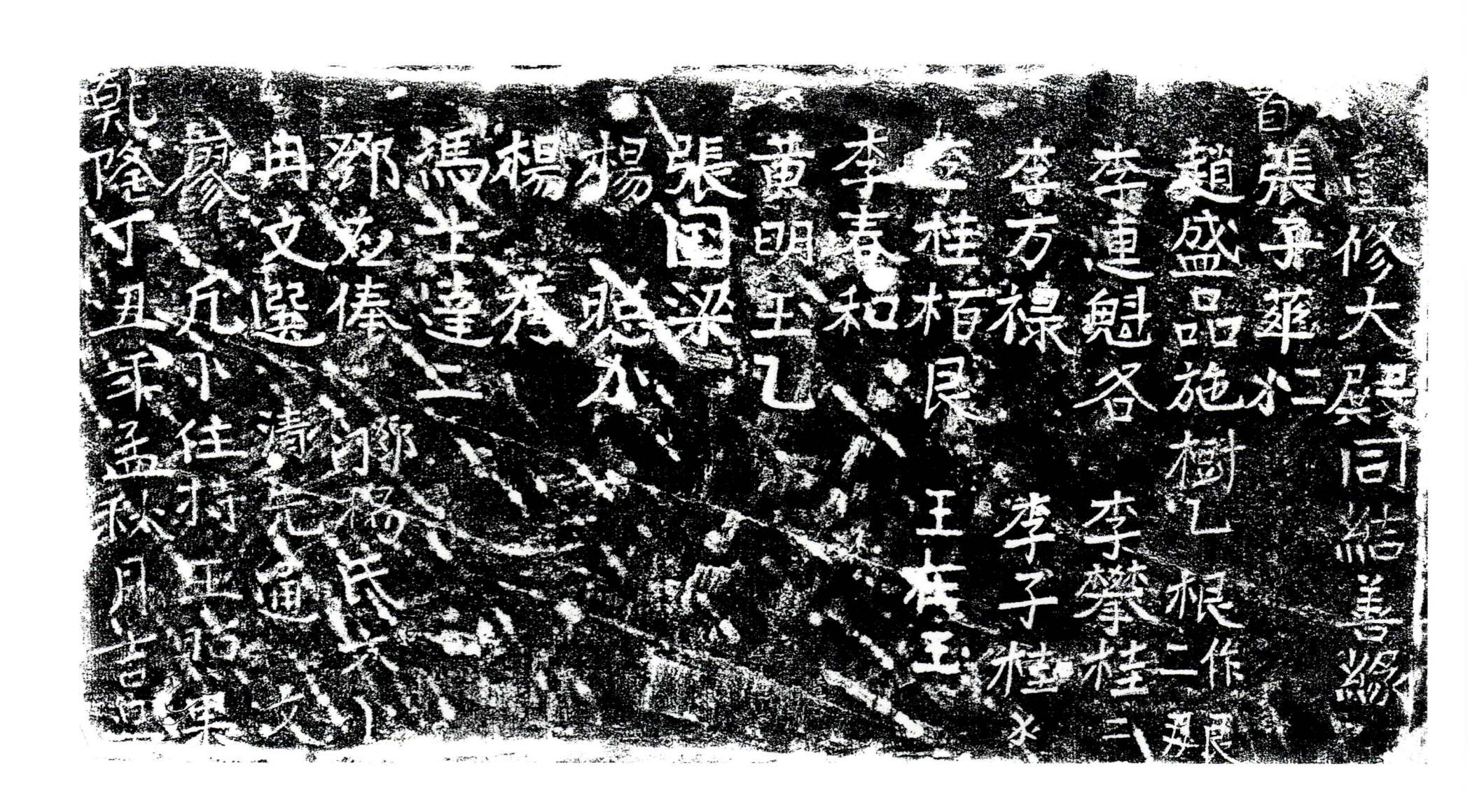

图版 81　石门山第 13-1 号龛张子华等重修大殿记碑

图版 81　石门山第 13-1 号龛张子华等重修大殿记碑

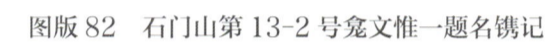

图版 82　石门山第 13-2 号龛文惟一题名镌记

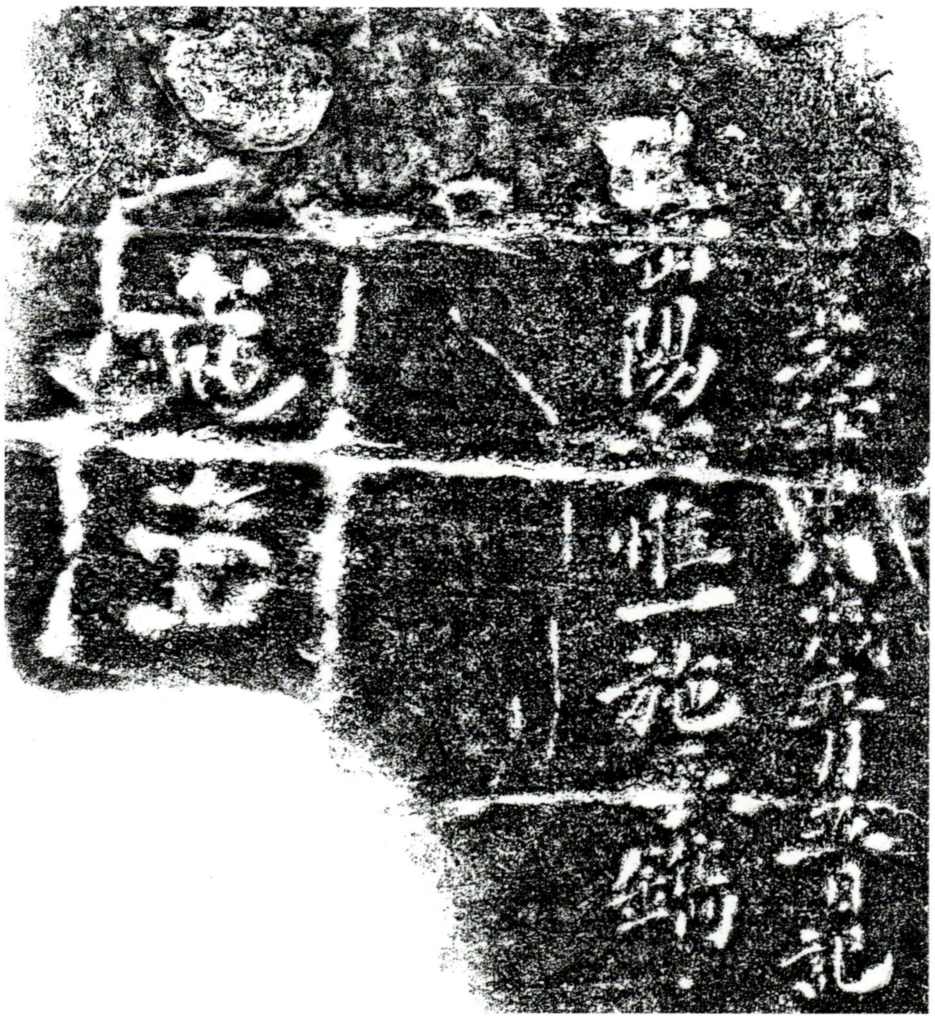

图版 83　南山第 1 号龛王伯富造真武龛香炉镌记

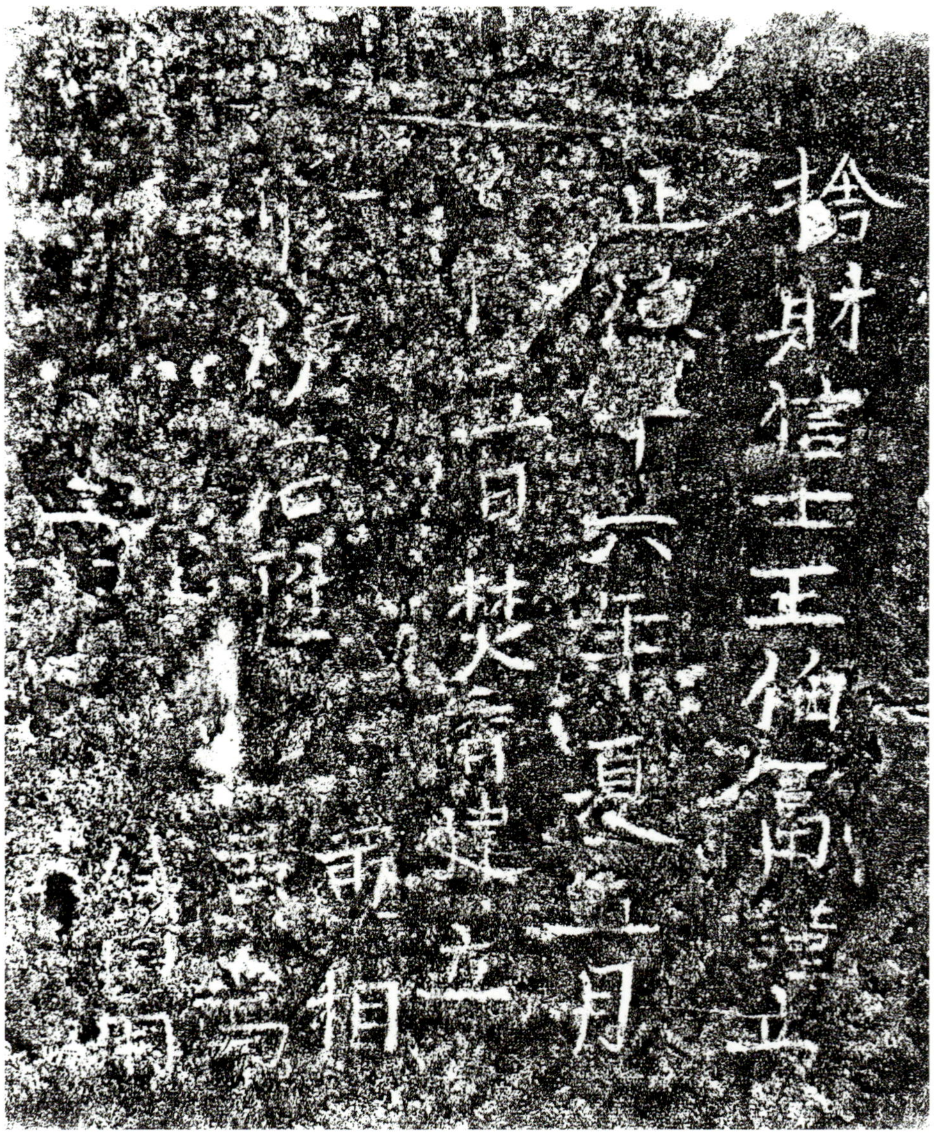

Ⅱ 铭文图版　401

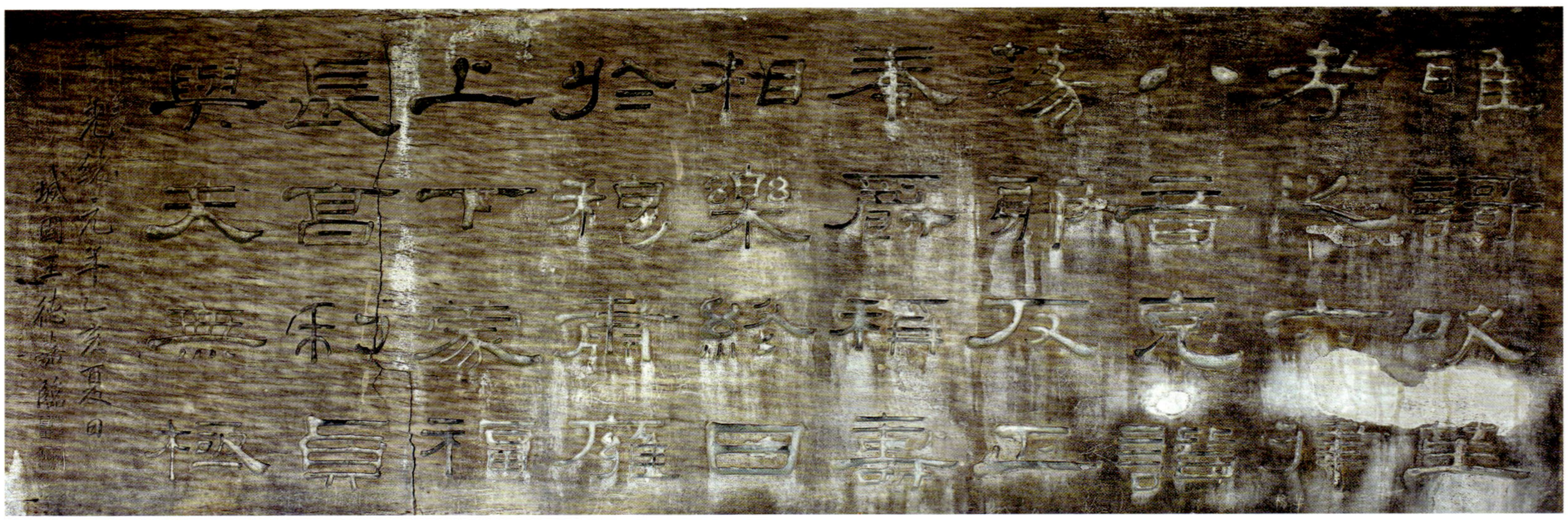

图版 84　南山第 2 号窟正壁王德嘉隶书碑

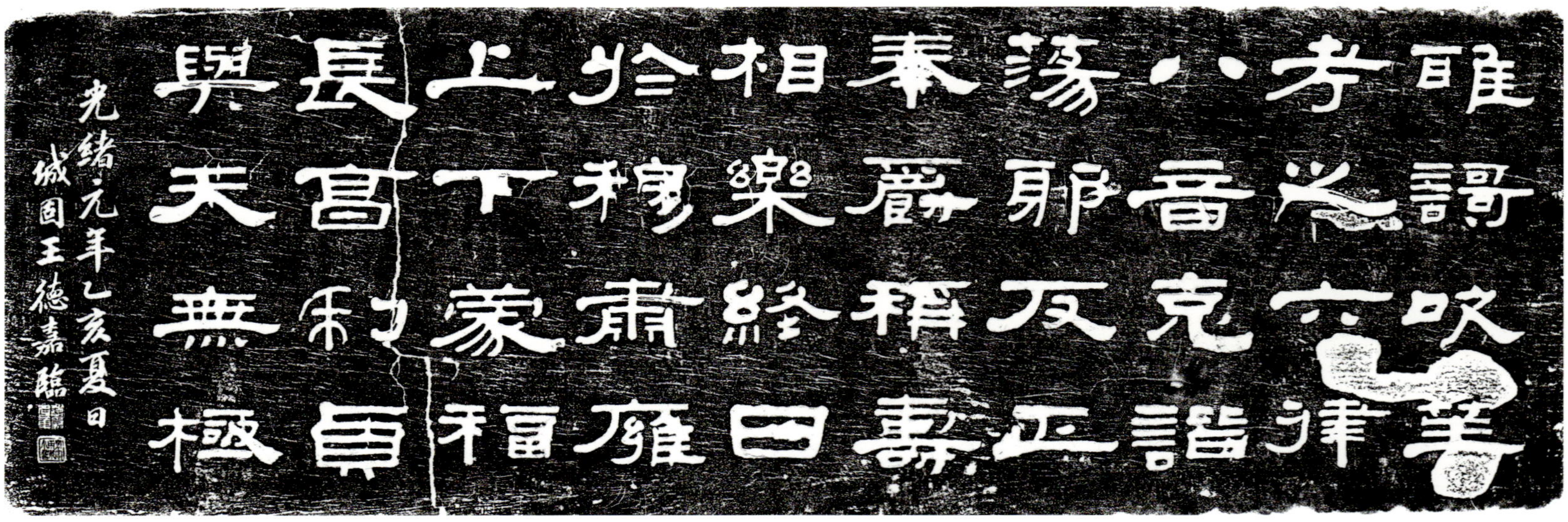

图版 84　南山第 2 号窟正壁王德嘉隶书碑

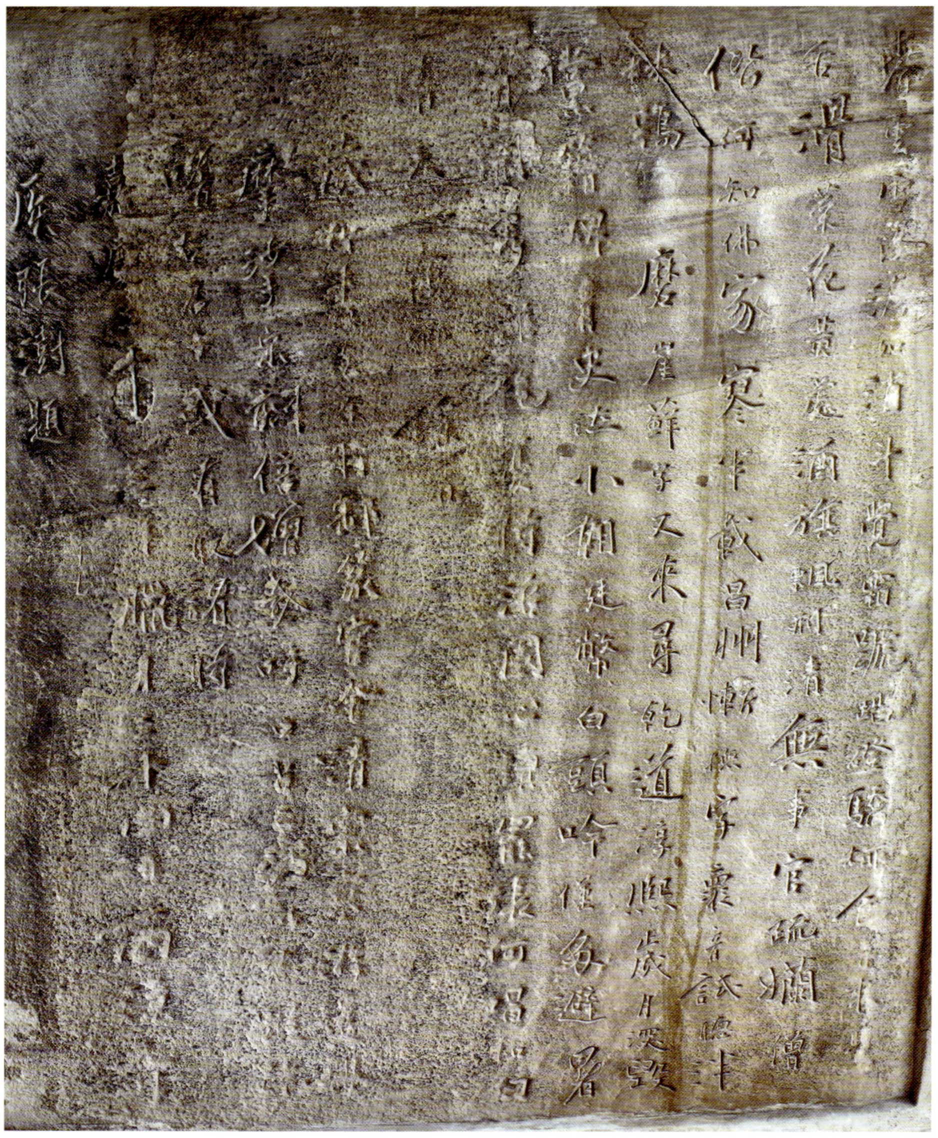

图版 85　南山第 2 号窟左壁张澍重游南山诗并跋

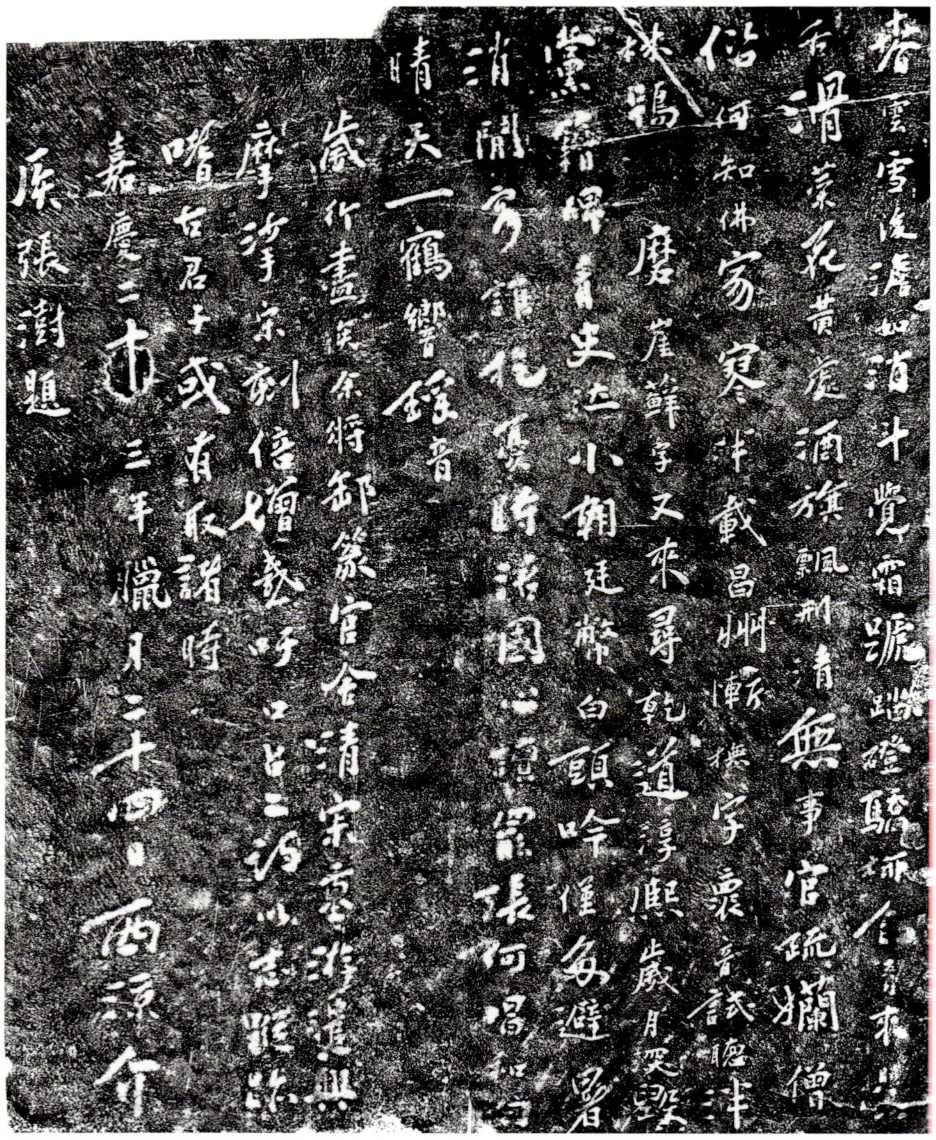

图版 85　南山第 2 号窟左壁张澍重游南山诗并跋

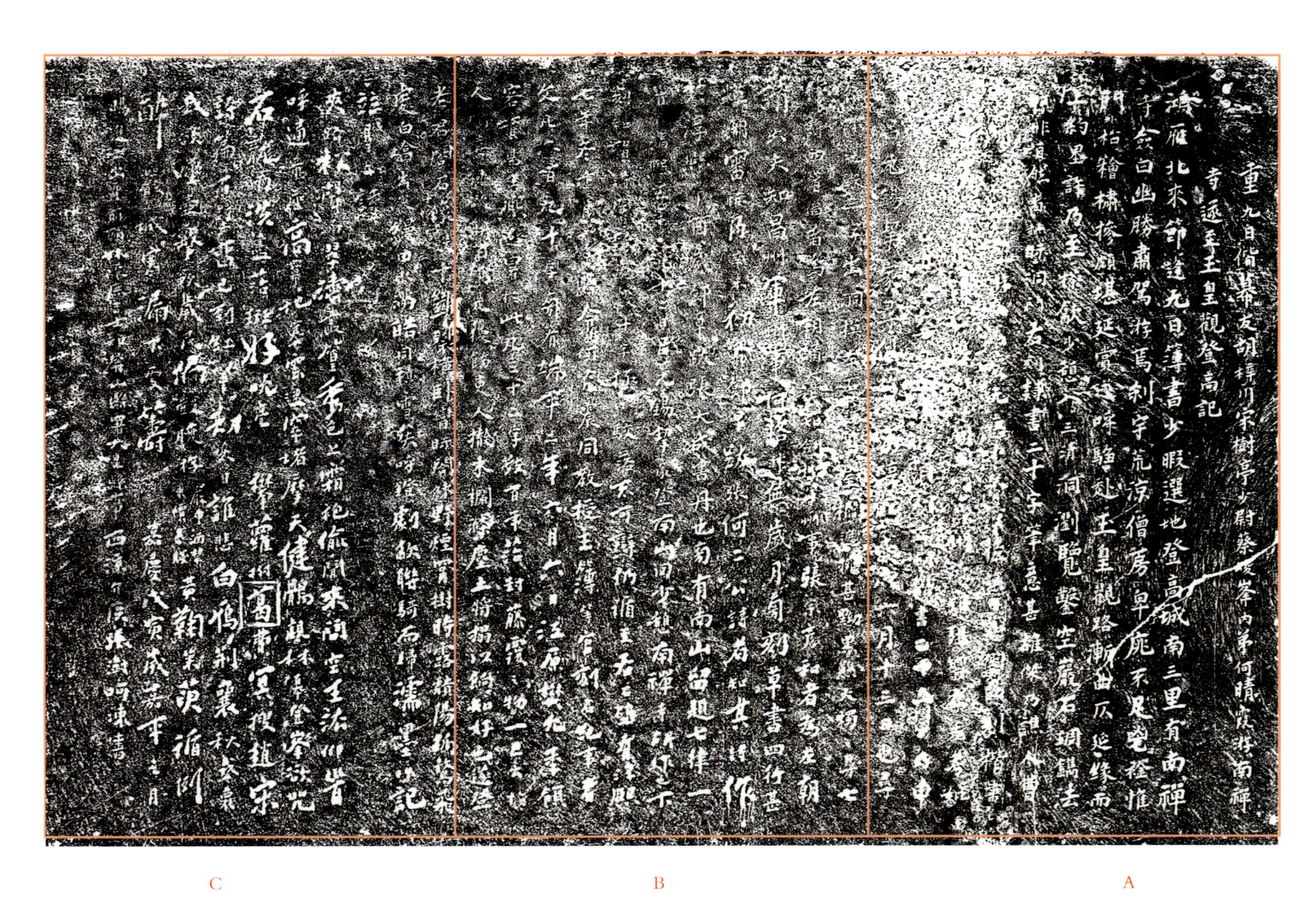

图版 86　南山第 2 号窟右壁张澍重九日偕友登高记

图版 86　南山第 2 号窟右壁张澍重九日偕友登高记

图版 86-1　张澍重九日偕友登高记 A 组碑文

图版86-2　张澍重九日偕友登高记B组碑文　　　　　　　图版86-2　张澍重九日偕友登高记B组碑文

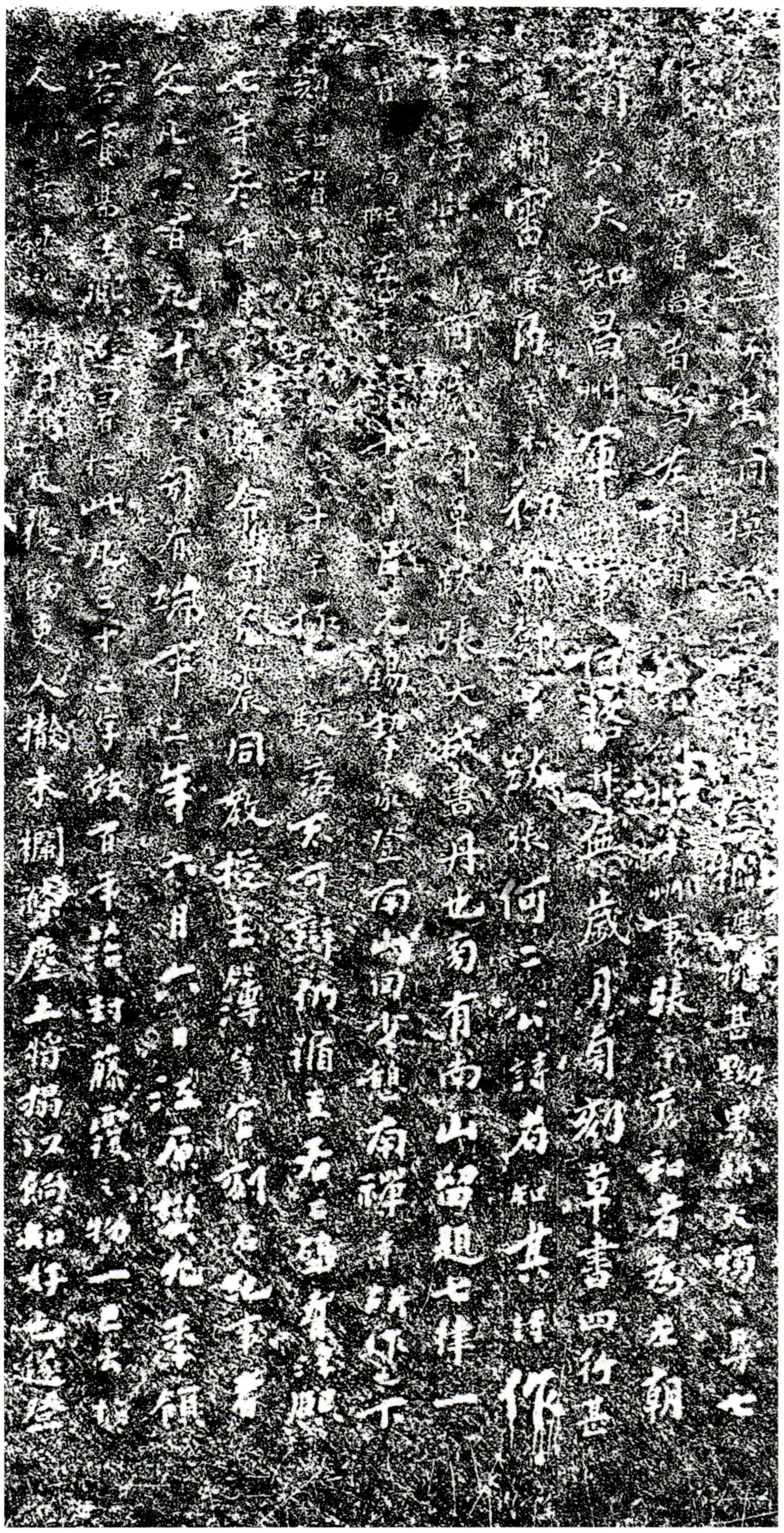

II 铭文图版

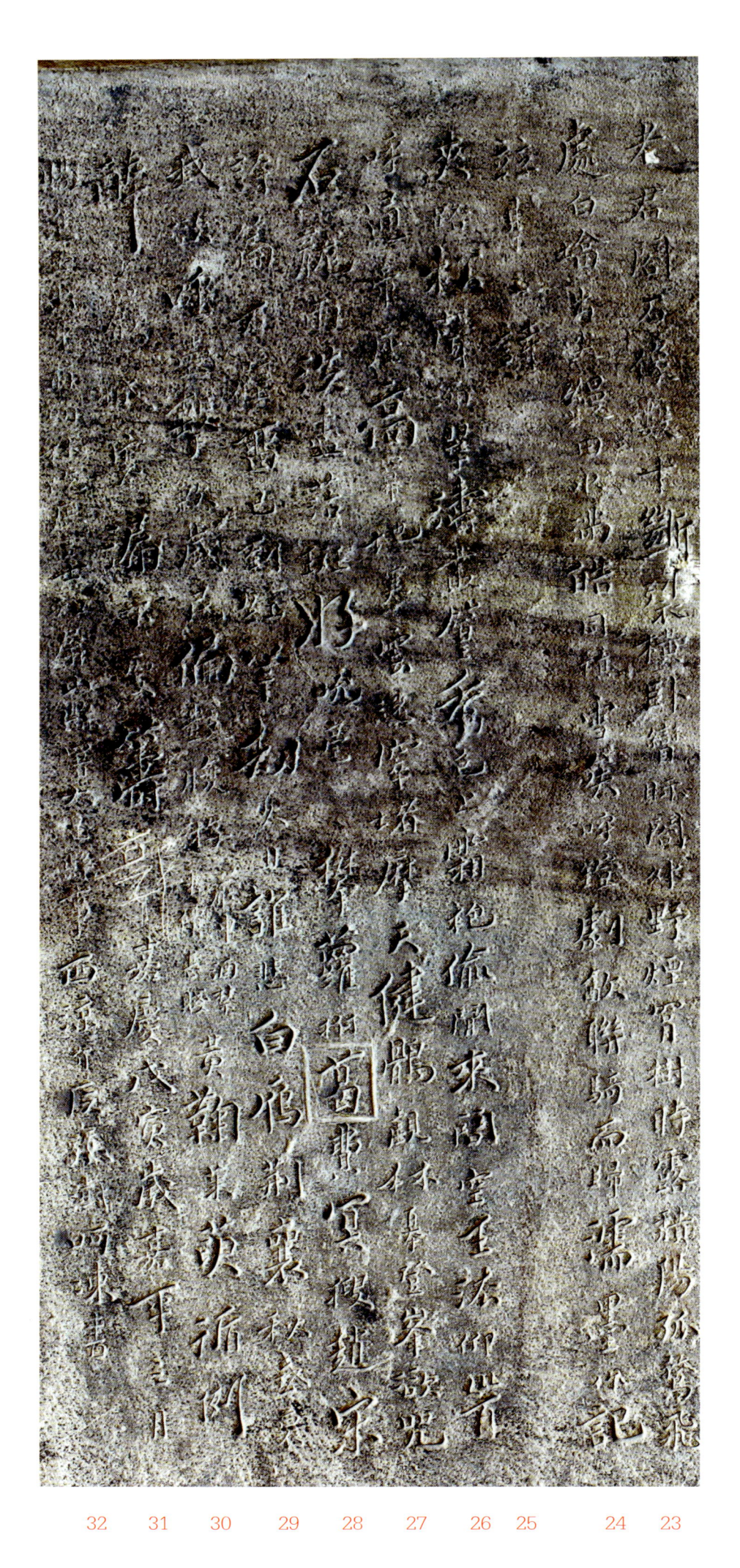

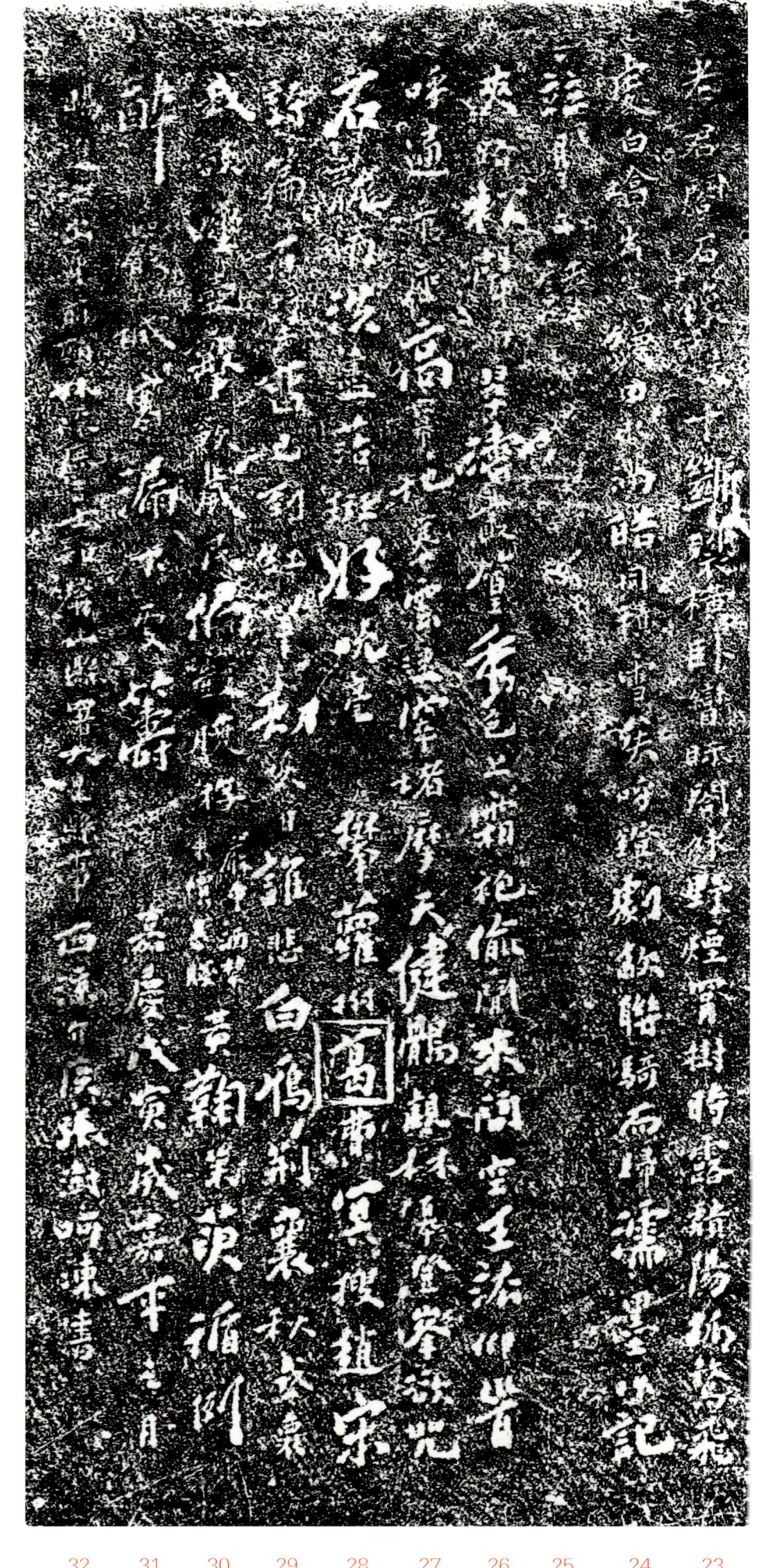

图版 86-3　张澍重九日偕友登高记 C 组碑文

图版 87　南山第 3 号张澍书"翁然云起"题刻

图版 87　南山第 3 号张澍书"翁然云起"题刻

图版 88　南山第 4 号龛题刻

图版 88　南山第 4 号龛题刻（2016 年拓）

图版 89　南山第 4 号龛题刻

图版 89　南山第 4 号龛题刻（2016 年拓）

04　03　02　01

图版 90　南山第 4 号龛外右侧梅亭诗

04　03　02　01

图版 90　南山第 4 号龛外右侧梅亭诗

图版 91　南山第 5 号窟中心柱"三清古洞"题刻

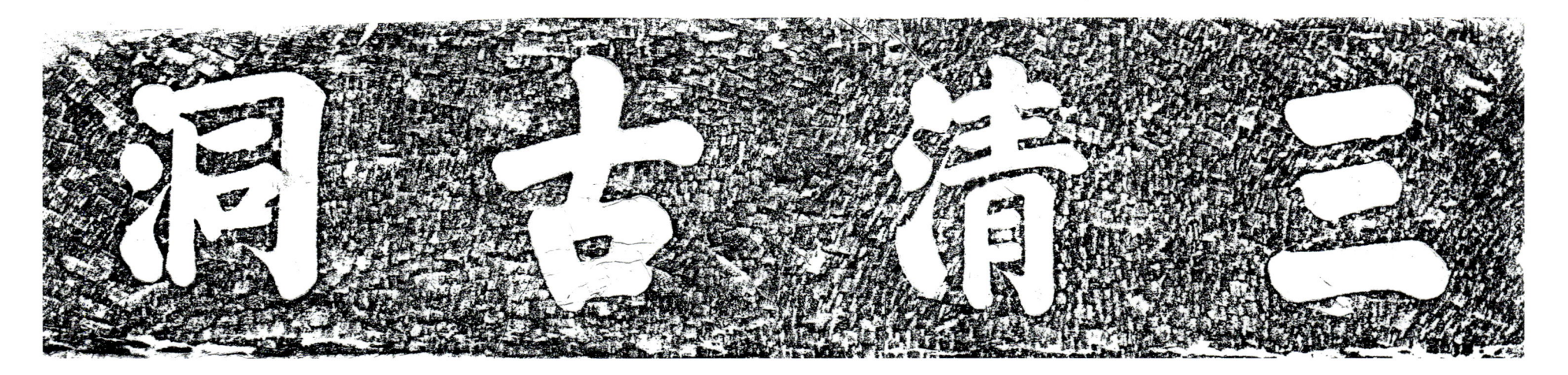

图版 91　南山第 5 号窟中心柱"三清古洞"题刻

图版 92　南山第 5 号窟中心柱正面方龛何正言凿三清古洞镌记

图版 92　南山第 5 号窟中心柱正面方龛何正言凿三清古洞镌记

图版 93　南山第 5 号窟中心柱正面方龛何正言凿三清古洞镌记

图版 93　南山第 5 号窟中心柱正面方龛何正言凿三清古洞镌记

07　　06　05　　04　　03　　02　　　　01

图版 94　南山第 5 号窟外左侧壁中部吕元锡游南山诗并跋及佚名和吕元锡诗

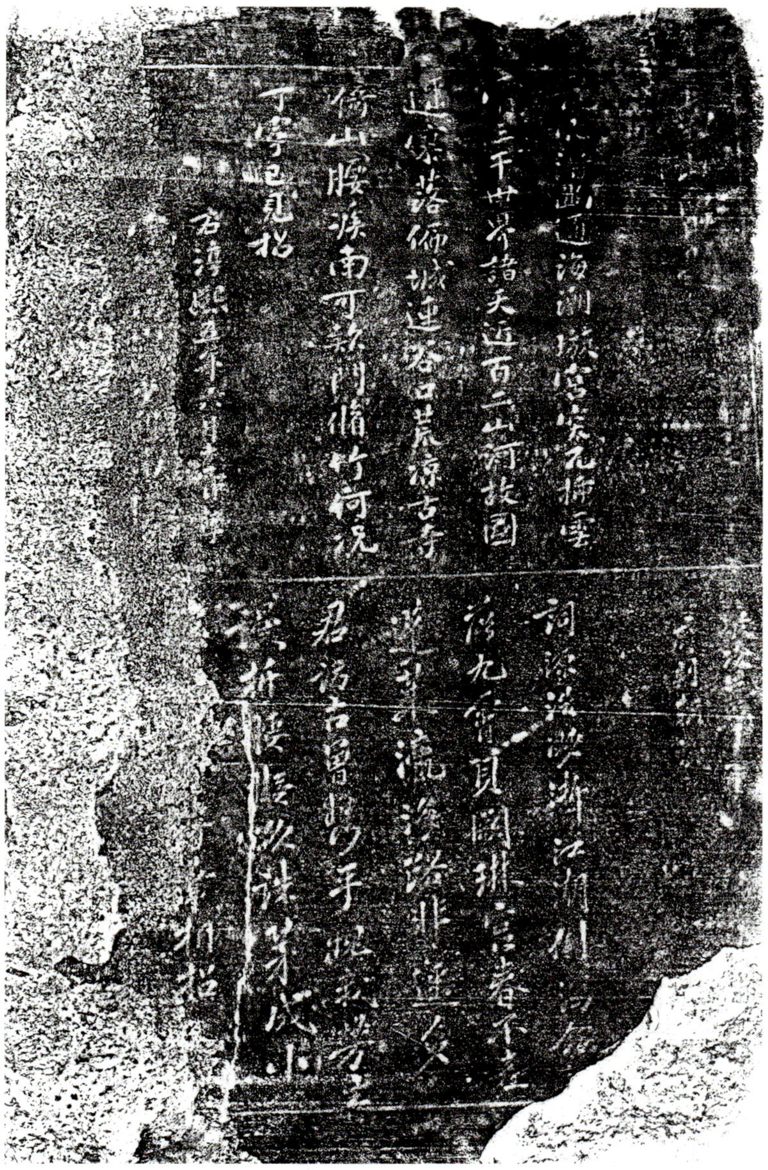

07　　06　05　　04　　03　　02　　　　01

图版 94　南山第 5 号窟外左侧壁中部吕元锡游南山诗并跋及佚名和吕元锡诗

13　12　11　　10　09　08　　07　06　05　04　03　02　01

图版 95　南山第 5 号窟外左侧壁中部张宗彦题七言诗

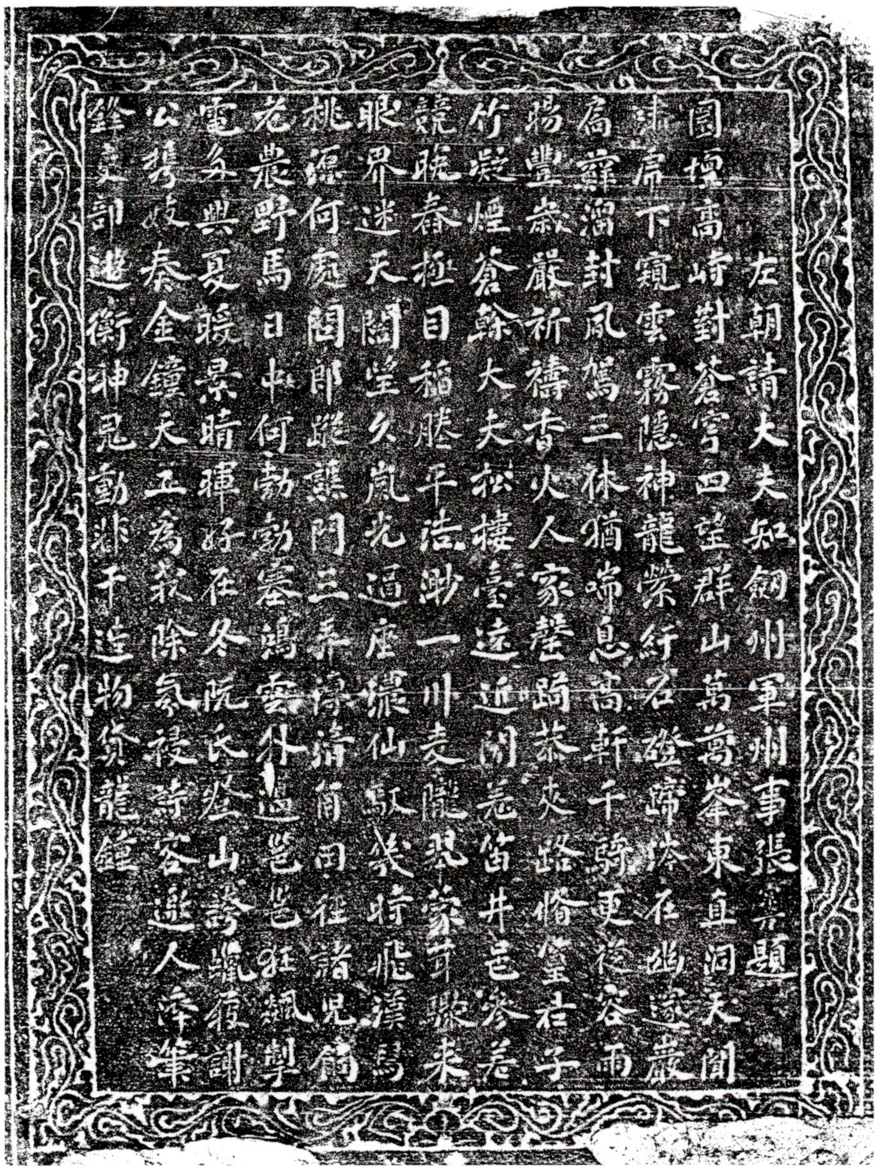

13　12　11　　10　09　08　　07　06　05　04　03　02　01

图版 95　南山第 5 号窟外左侧壁中部张宗彦题七言诗

13 12 11 10 09 08 07 06 05 04 03 02 01

图版 96　南山第 5 号窟外左侧壁中部何格非和张宗彦诗

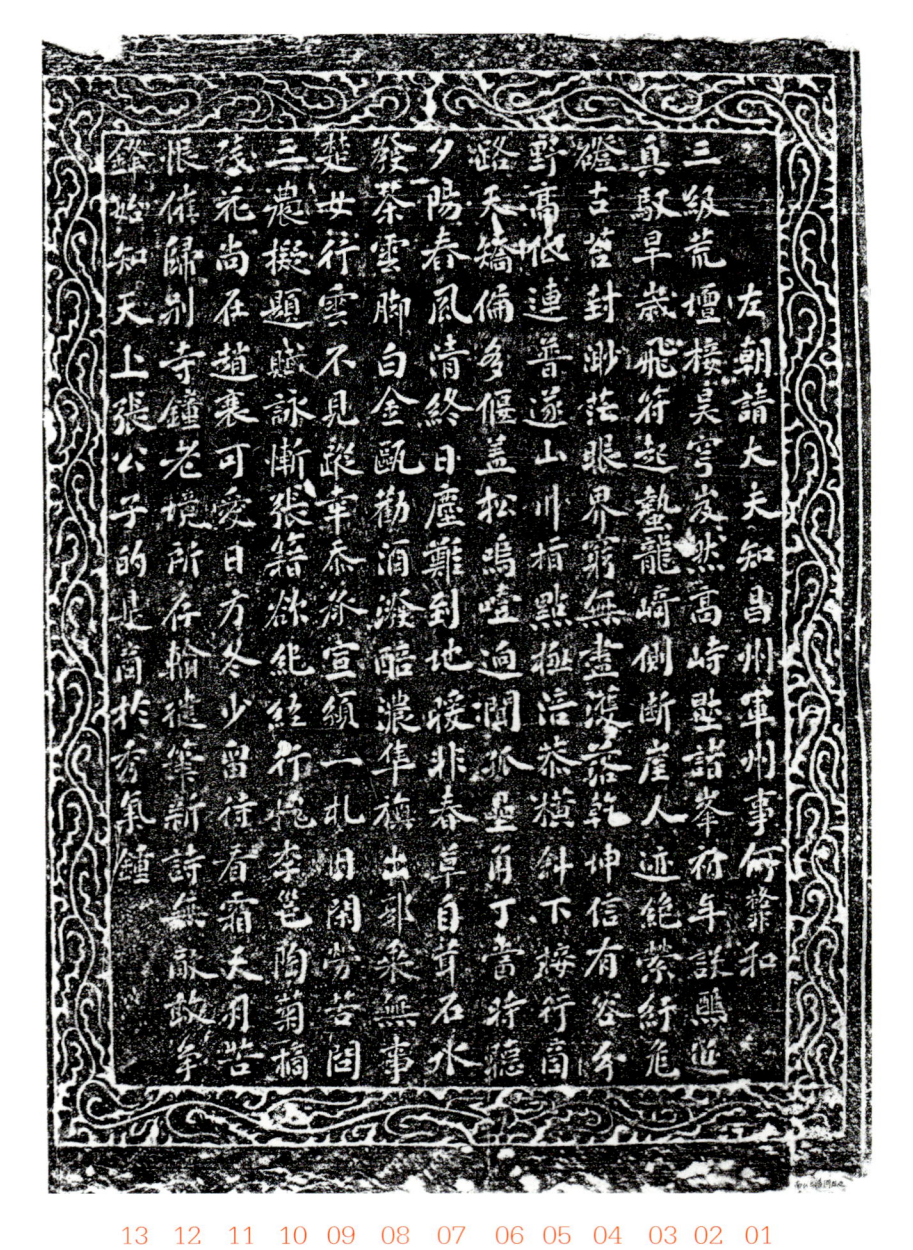

13 12 11 10 09 08 07 06 05 04 03 02 01

图版 96　南山第 5 号窟外左侧壁中部何格非和张宗彦诗

04　　03　　02　　01

图版 97　南山第 5 号窟外左侧壁中部邓早阅辛酉岁张、何二公诗跋

04　　03　　02　　01

图版 97　南山第 5 号窟外左侧壁中部邓早阅辛酉岁张、何二公诗跋

图版 98　南山第 5 号窟外右侧壁面何光震饯郡守王梦应记碑

图版 98　南山第 5 号窟外右侧壁面何光震饯郡守王梦应记碑

图版98-1 何光震饯郡守王梦应记碑 A组碑文

图版98-1 何光震饯郡守王梦应记碑 A组碑文

图版 98-2　何光震饯郡守王梦应记碑 B 组碑文

图版 99　南山第 5 号窟外右侧樊允季领客避暑终日题记

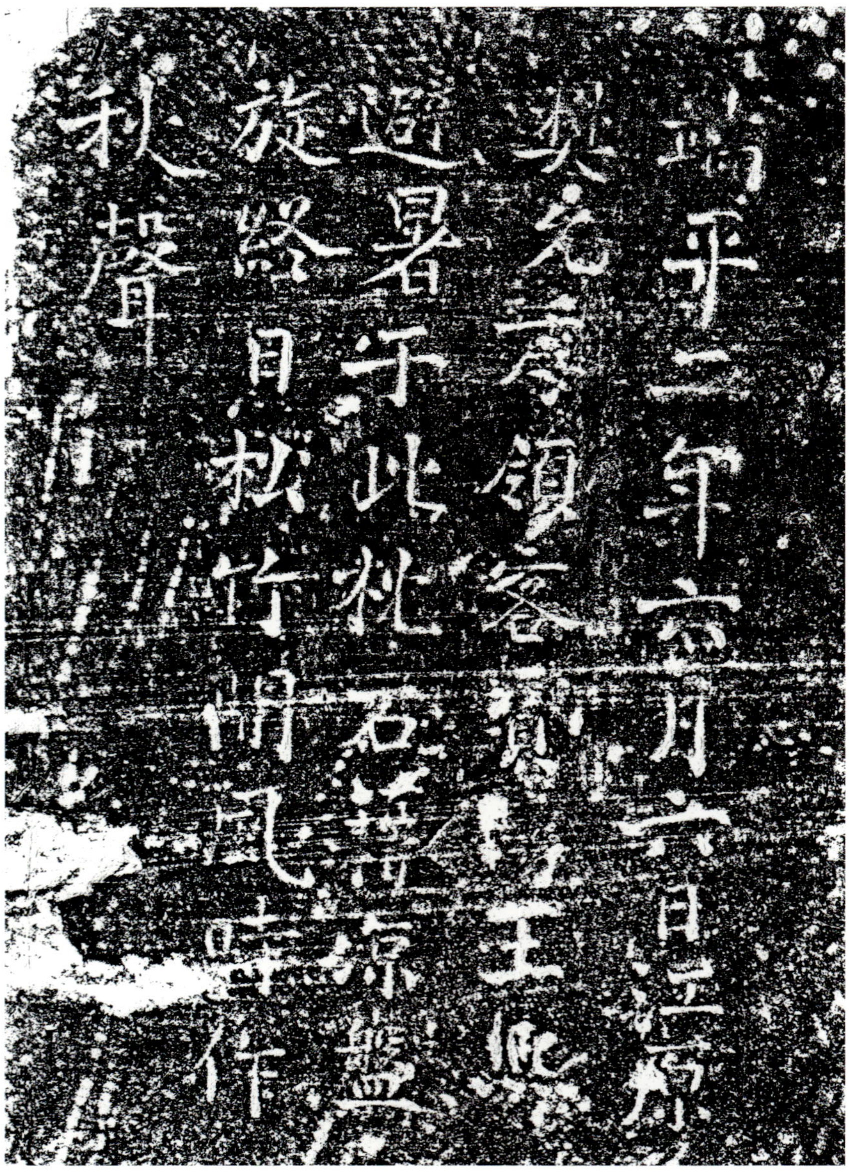

图版 100　南山第 5 号窟外右侧壁县正堂桂示禁碑

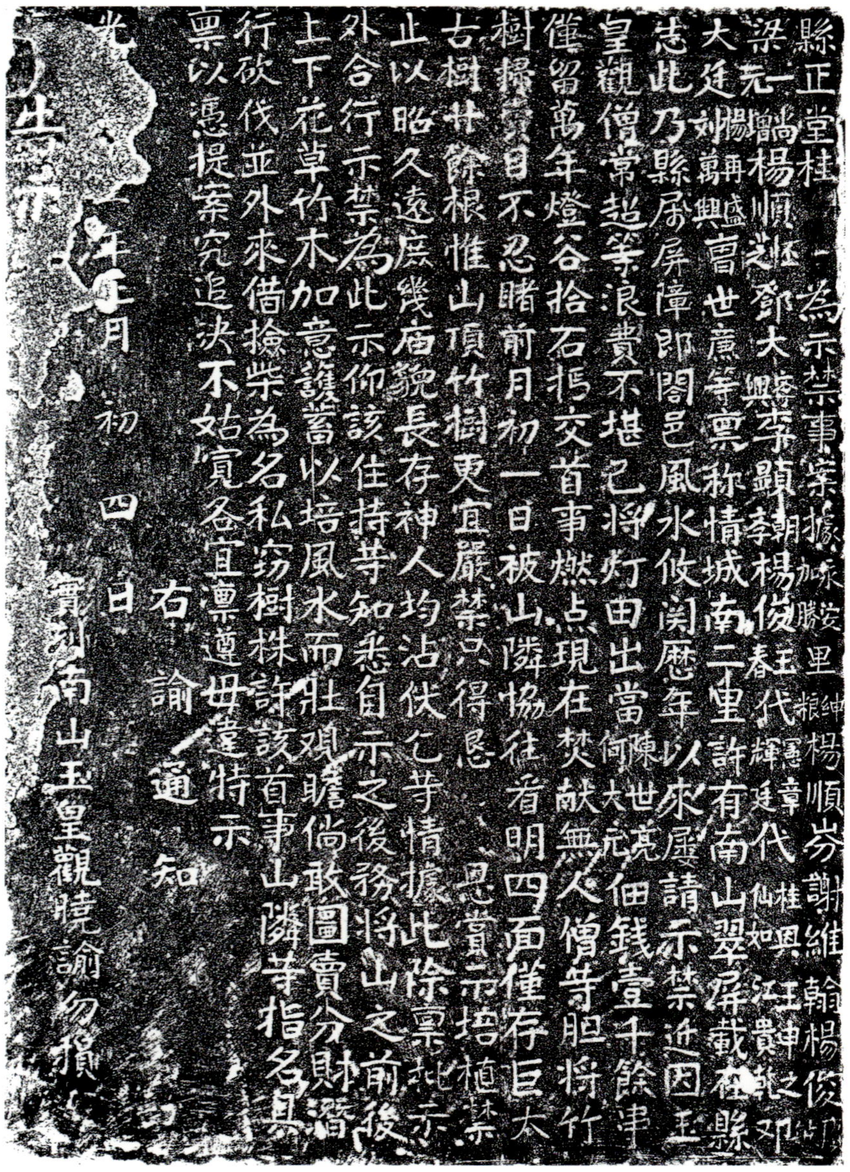

图版 101　南山第 5 号窟口左内侧吕元锡挈家寻仙追凉题记

图版 102　南山第 5 号窟口左内侧残记

图版 103　南山第 5 号窟口右侧梁当之等避暑南山题记

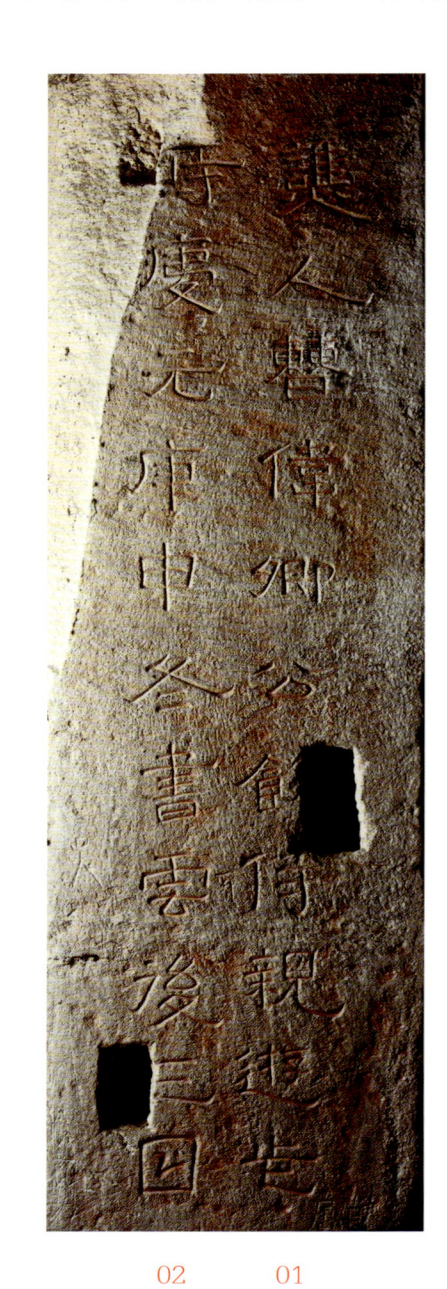

图版 104　南山第 5 号窟口右侧曹伟卿游南山记

裝修玉皇古洞天尊碑記

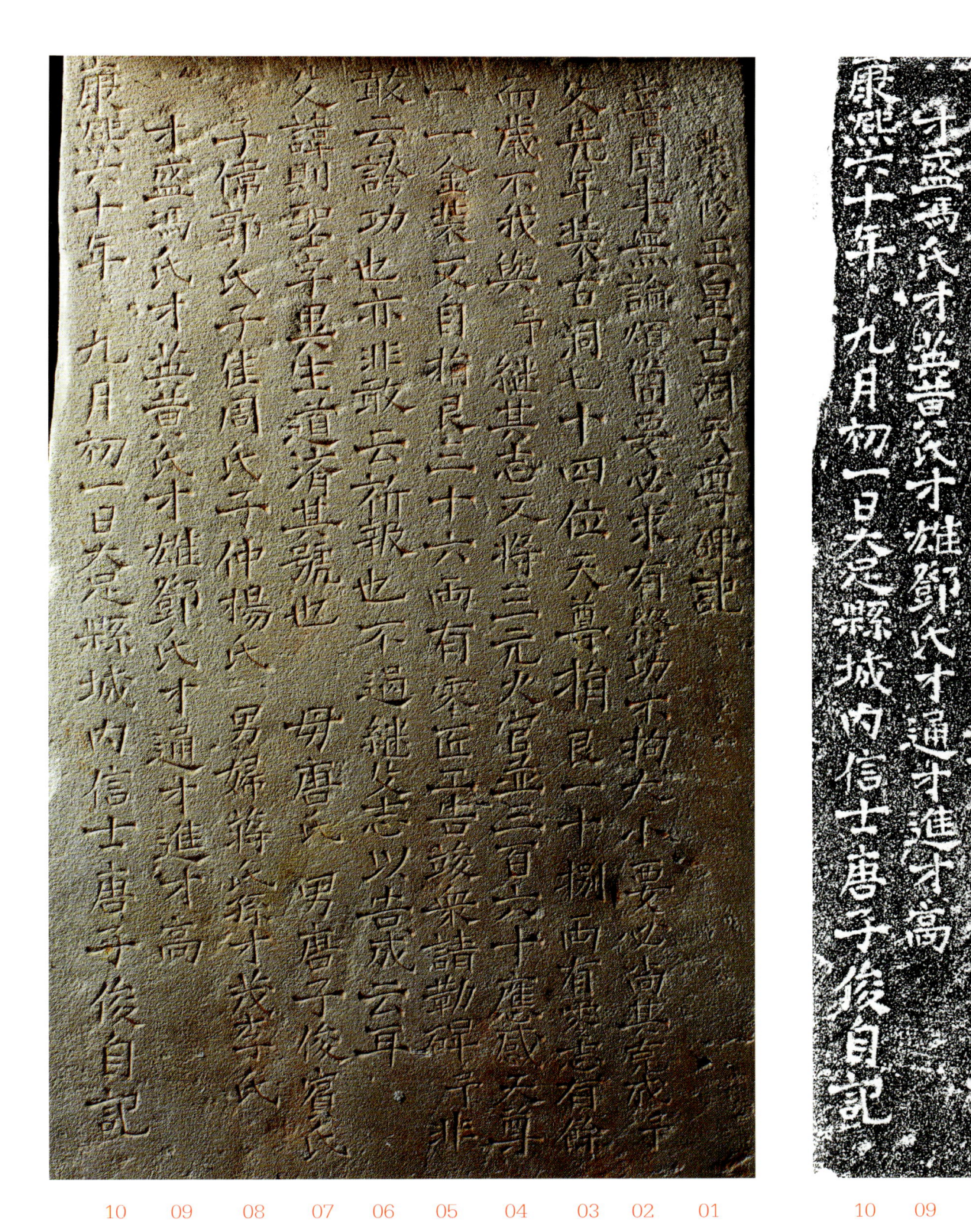

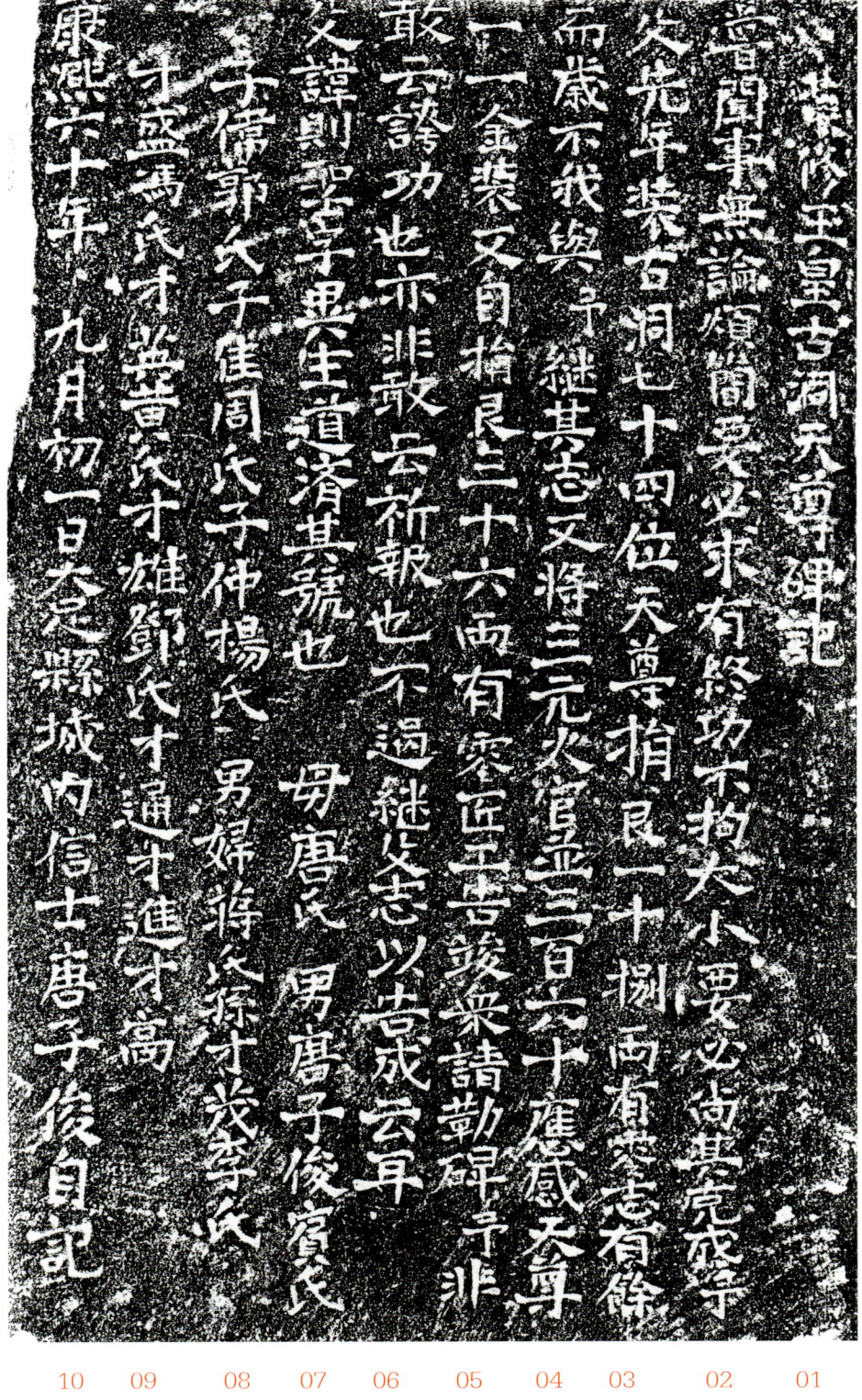

嘗聞事無論煩簡要必求有終有功不拘大小要必當其克盡亭
父先年裝古洞七十四位天尊捐艮不拘大小要必當其克盡亭
而歲不我與予繼其志又將三元火官星三百六十應感衆尊
一金裝文自拍艮二十六兩有零匠王吉焱衆請勒碑予非
敢云誇功也亦非敢云祈報也不過繼父志以告成云耳
父諱則學畢生道濟世號也
母唐氏
子偉郭氏子崔周氏子仲揚氏 男婦蔣氏孫氏李氏
子盛焉氏才黃氏才雄鄧氏才通才進才高
康熙六十年九月初一日大定縣城內信士唐子俊自記

图版 105　南山第 5 号窟口右侧唐子俊装修玉皇古洞天尊碑记

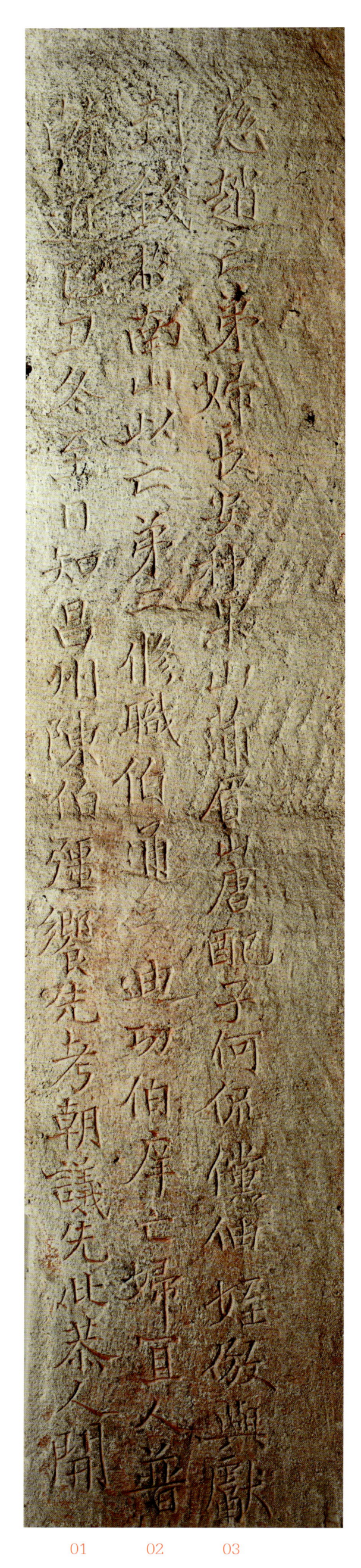

慈趙氏弟婦長安种果山浦眉山唐配子何侃僕御姪佼興潘獻封錢於南山以云弟二修職伯通三典功伯犀亡婦宜人番乾道己丑冬至日知昌州陳伯疆饗祭考朝議先妣恭人開

图版 106　南山第 5 号窟门右后侧陈伯疆冬至日飨先考题记

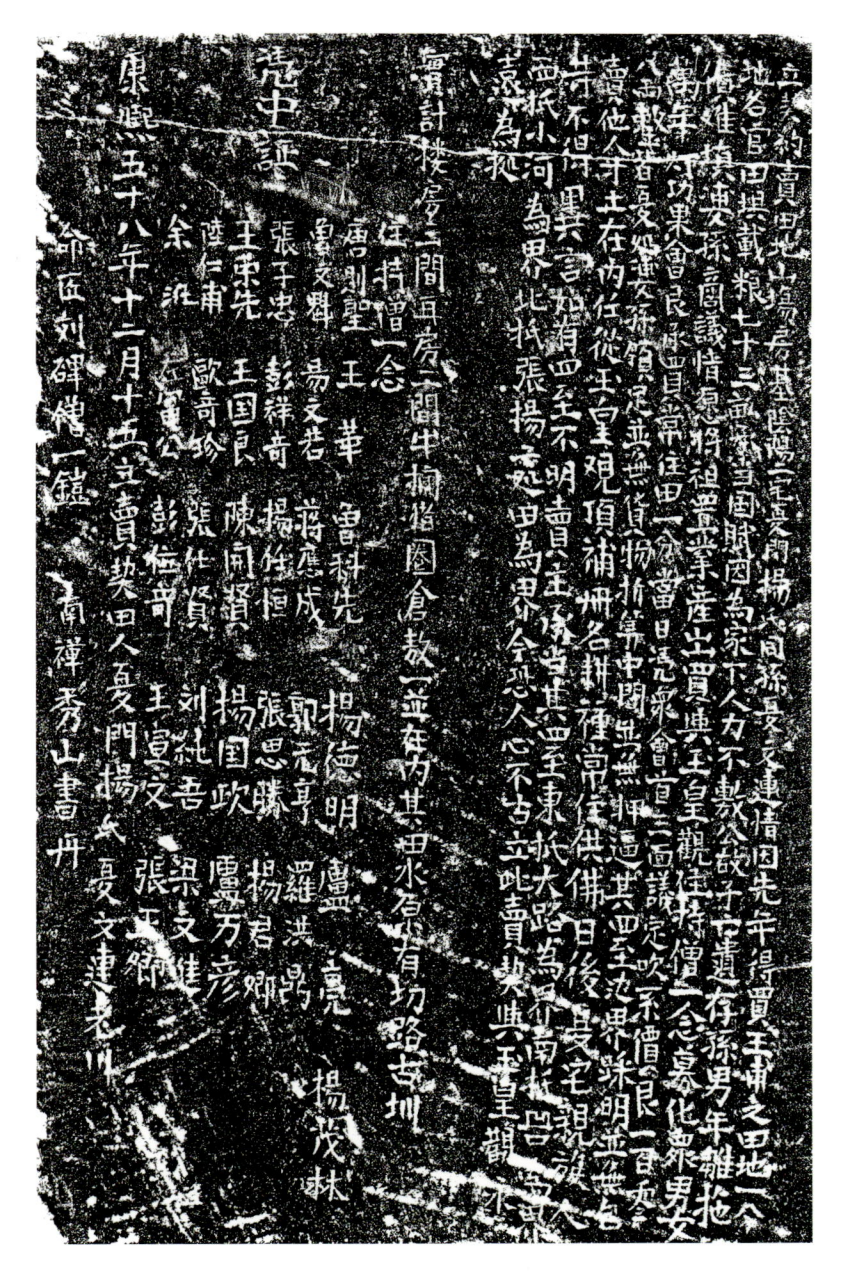

图版 107　南山第 5 号窟内左龙柱玉皇观置田产契约碑

图版 107　南山第 5 号窟内左龙柱玉皇观置田产契约碑

01　　02

图版 108　南山第 5 号窟内中心柱左侧壁陈及之省坟莓溪过南山题记

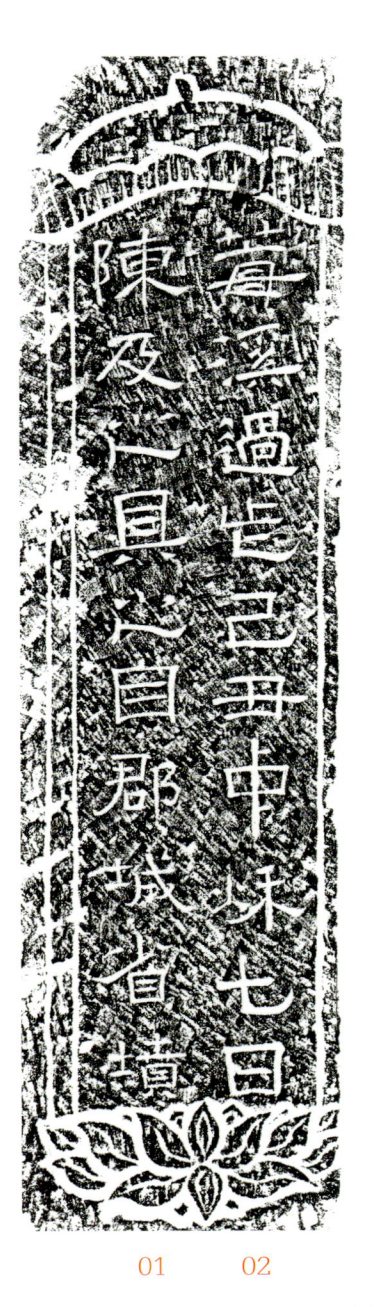

01　　02

图版 108　南山第 5 号窟内中心柱左侧壁陈及之省坟莓溪过南山题记

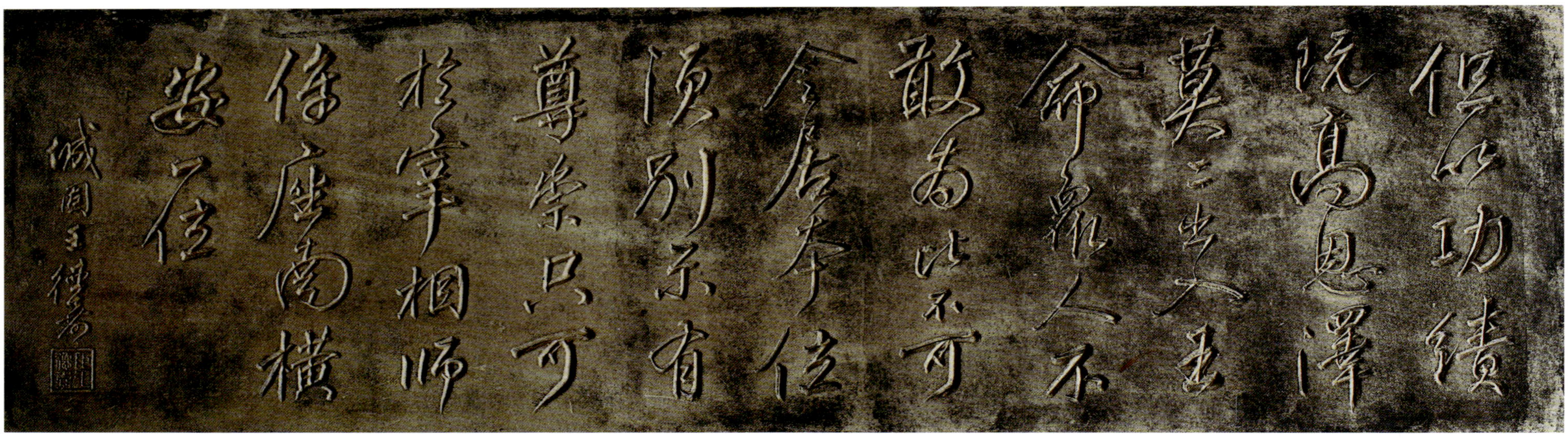

图版 109　南山第 5 号窟内中心柱右侧壁王德嘉行书碑

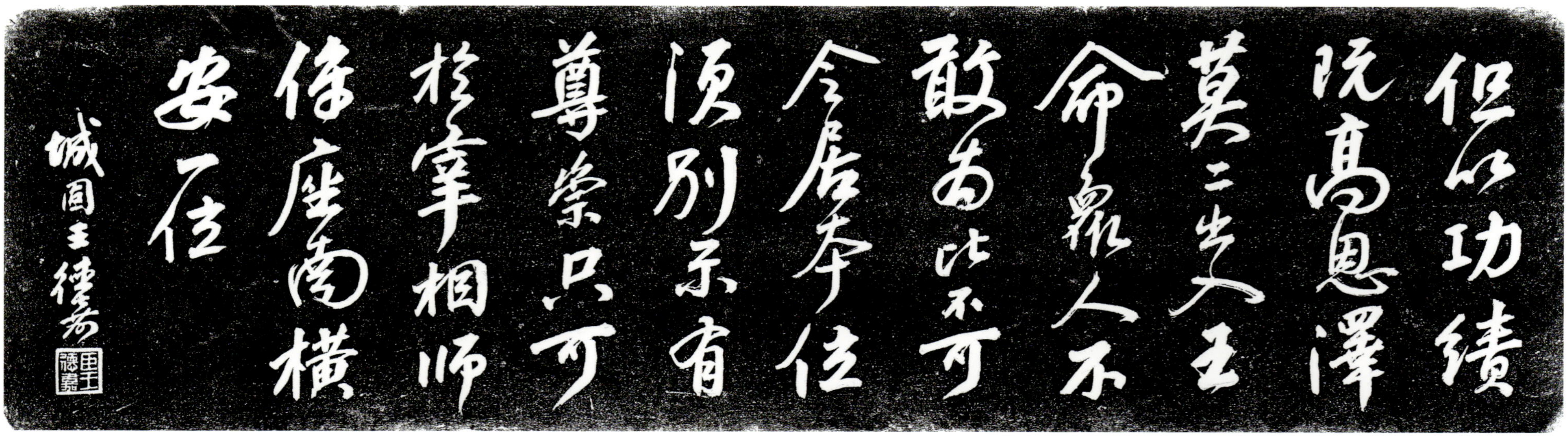

图版 109　南山第 5 号窟内中心柱右侧壁王德嘉行书碑

04　　　　03　　　　02　　　　01

图版110　南山第6号龛赵□可题记

04　　　　03　　　　02　　　　01

图版110　南山第6号龛赵□可题记（2016年拓）

图版111　南山第7号龛杨顺祀书"福寿"题刻

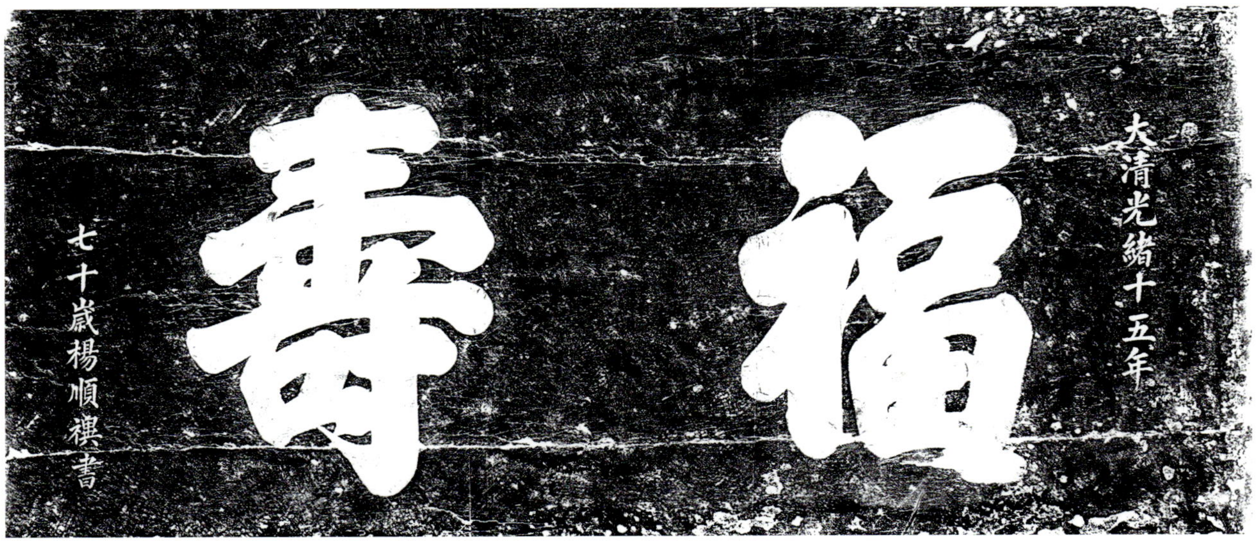

图版111　南山第7号龛杨顺祀书"福寿"题刻

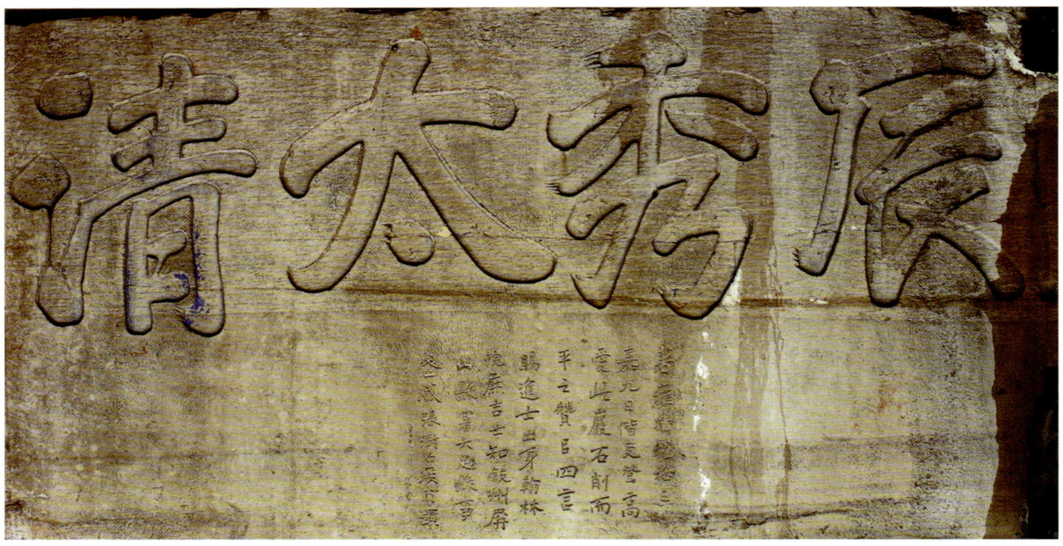

08 07 06 05 04 03 02 01

图版 112　南山第 8 号龛张澍题"辰秀太清"题刻

08 07 06 05 04 03 02 01

图版 112　南山第 8 号龛张澍题"辰秀太清"题刻

18　17　16　15　14　13　12　11　10　09　08　07　06　05　04　03　02　01

图版 113　南山第 9 号龛王德嘉步吕张二公留题原韵诗

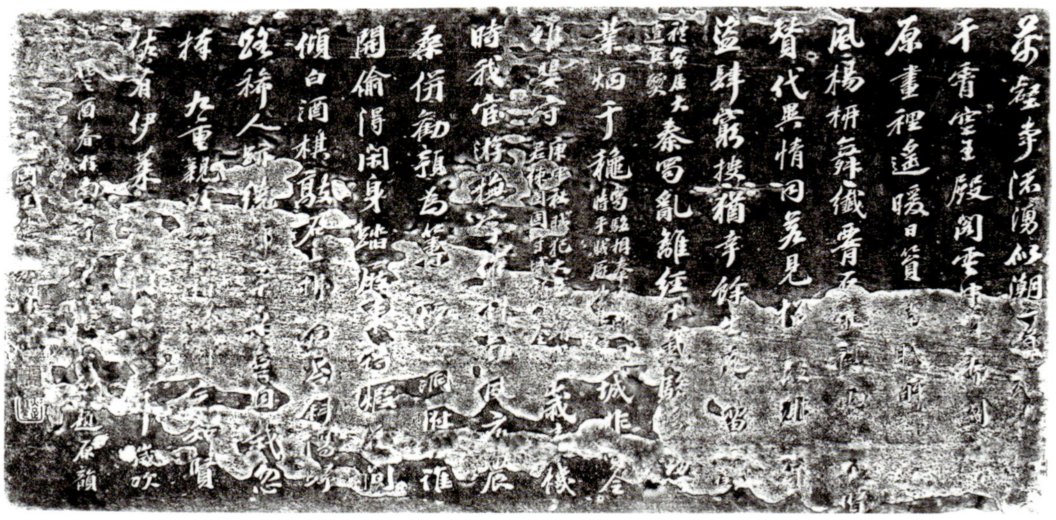

18　17　16　15　14　13　12　11　10　09　08　07　06　05　04　03　02　01

图版 113　南山第 9 号龛王德嘉步吕张二公留题原韵诗

26 25 24 23 22 21 20 19 18 17 16 15 14 13 12 11 10 09 08 07 06 05 04 03 02 01

图版 114　南山第 10 号龛王德铭临山谷道人书后汉诗三篇

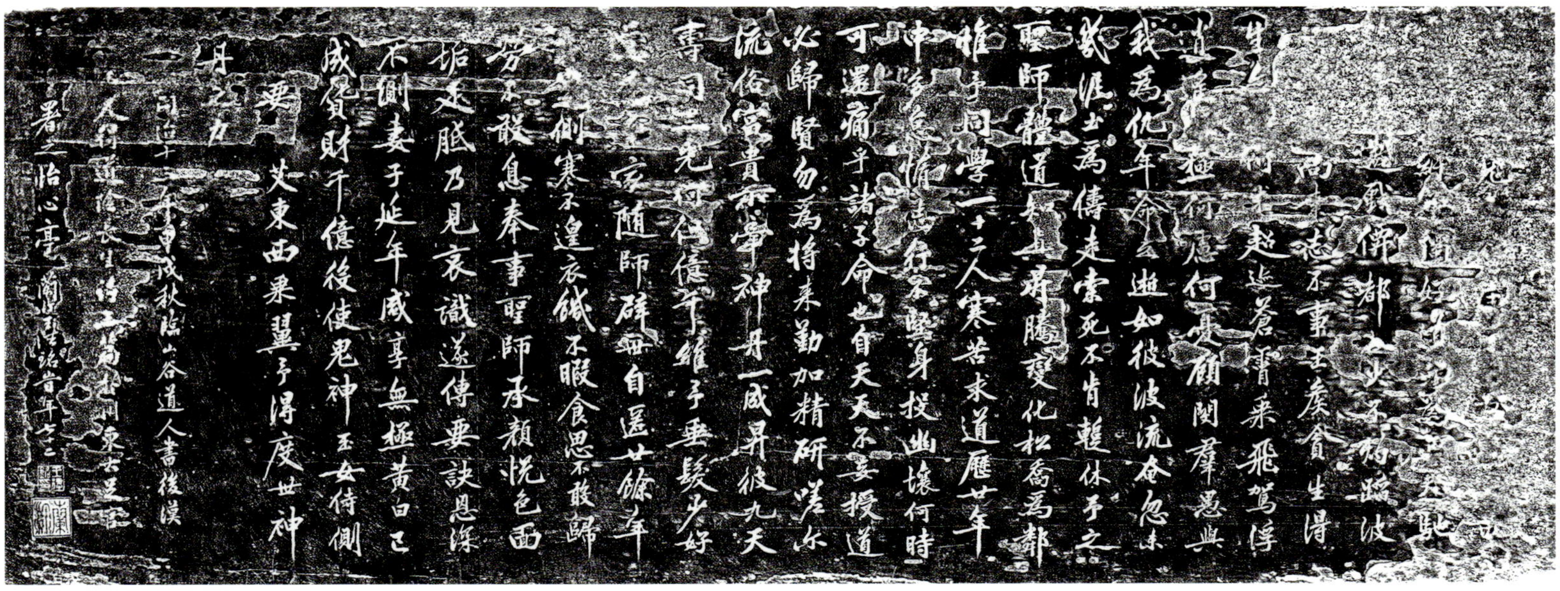

26 25 24 23 22 21 20 19 18 17 16 15 14 13 12 11 10 09 08 07 06 05 04 03 02 01

图版 114　南山第 10 号龛王德铭临山谷道人书后汉诗三篇

图版 115　南山第 10-1 号龛"福"字碑 　　　　　　　　　图版 115　南山第 10-1 号龛"福"字碑

II 铭文图版　425

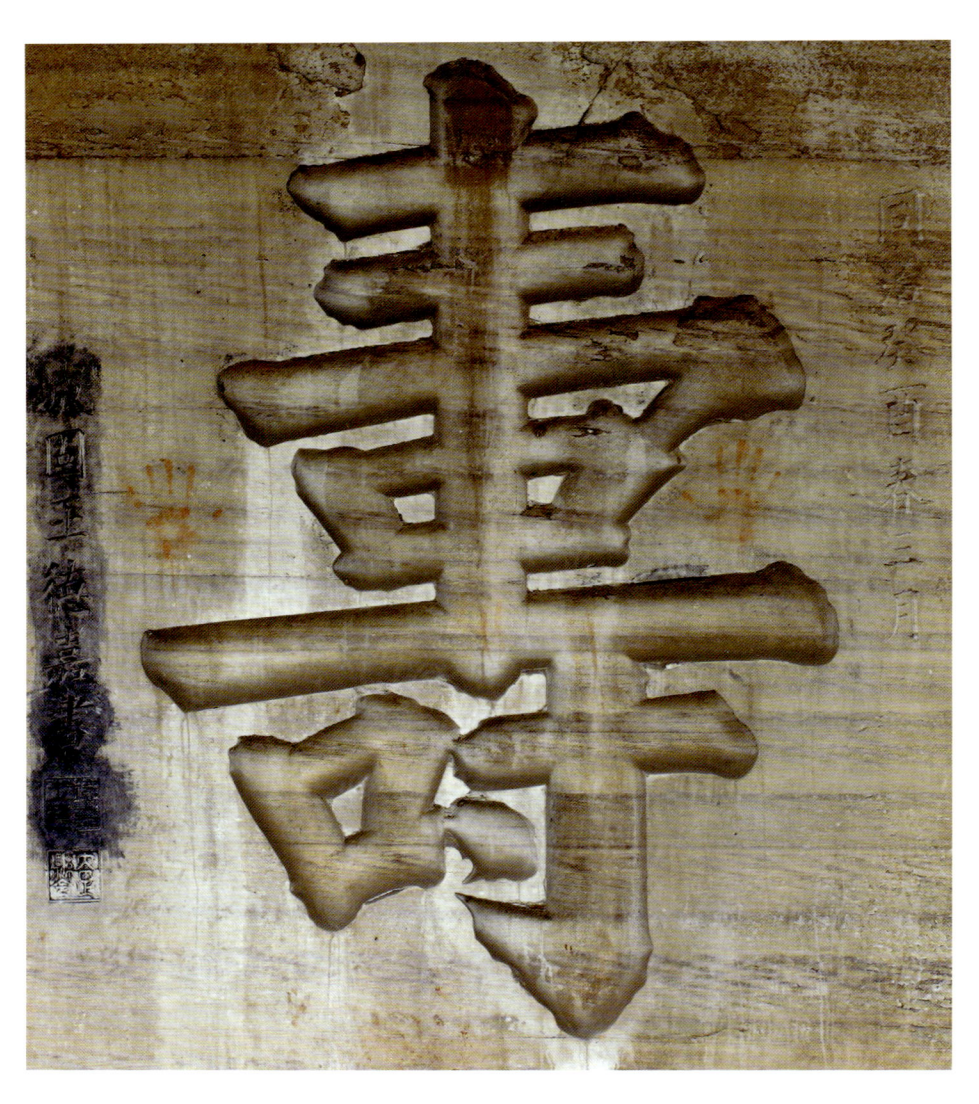

图版 116　南山第 11 号龛 "寿" 字碑 　　　　　　　　　　　图版 116　南山第 11 号龛 "寿" 字碑

图版 117　南山第 12 号龛邝国元楹联题刻 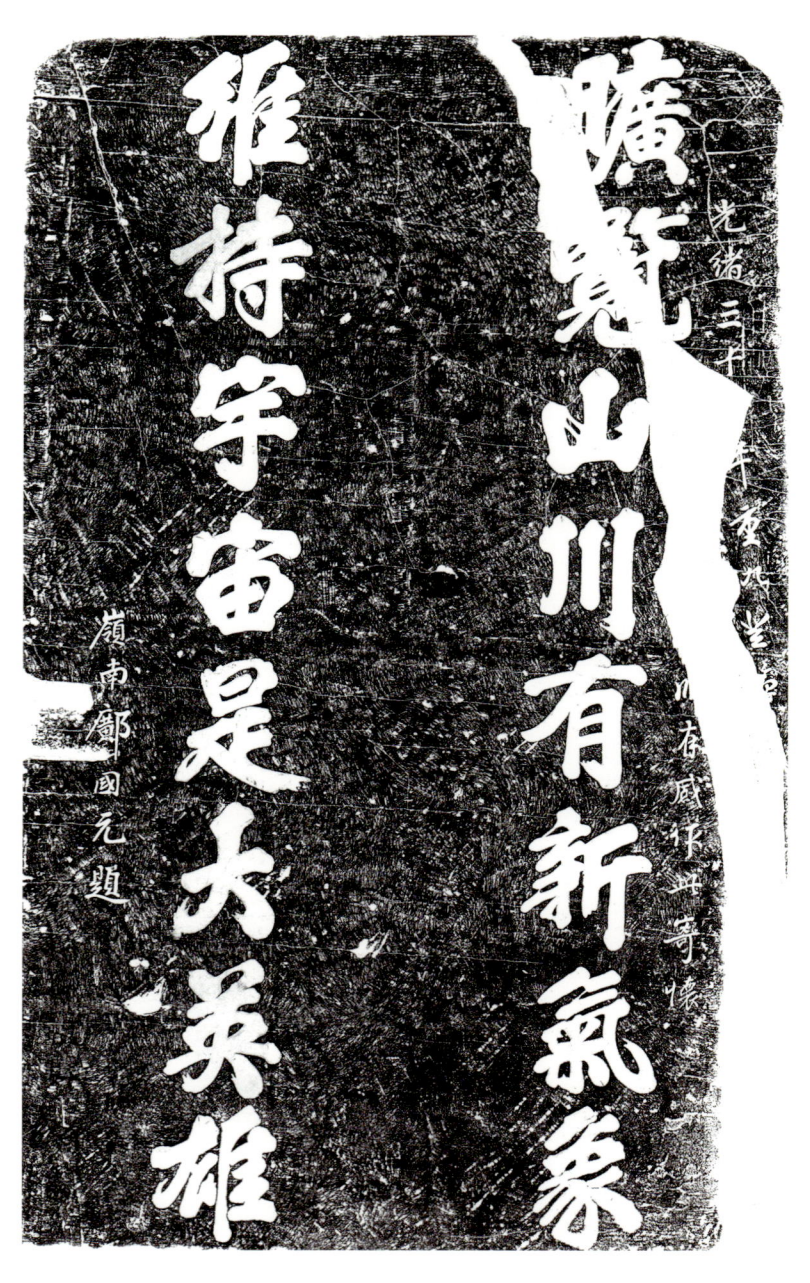　　　　　　　图版 117　南山第 12 号龛邝国元楹联题刻

图版 118　南山第 13 号龛王德嘉书"绝尘"题刻

图版 118　南山第 13 号龛王德嘉书"绝尘"题刻

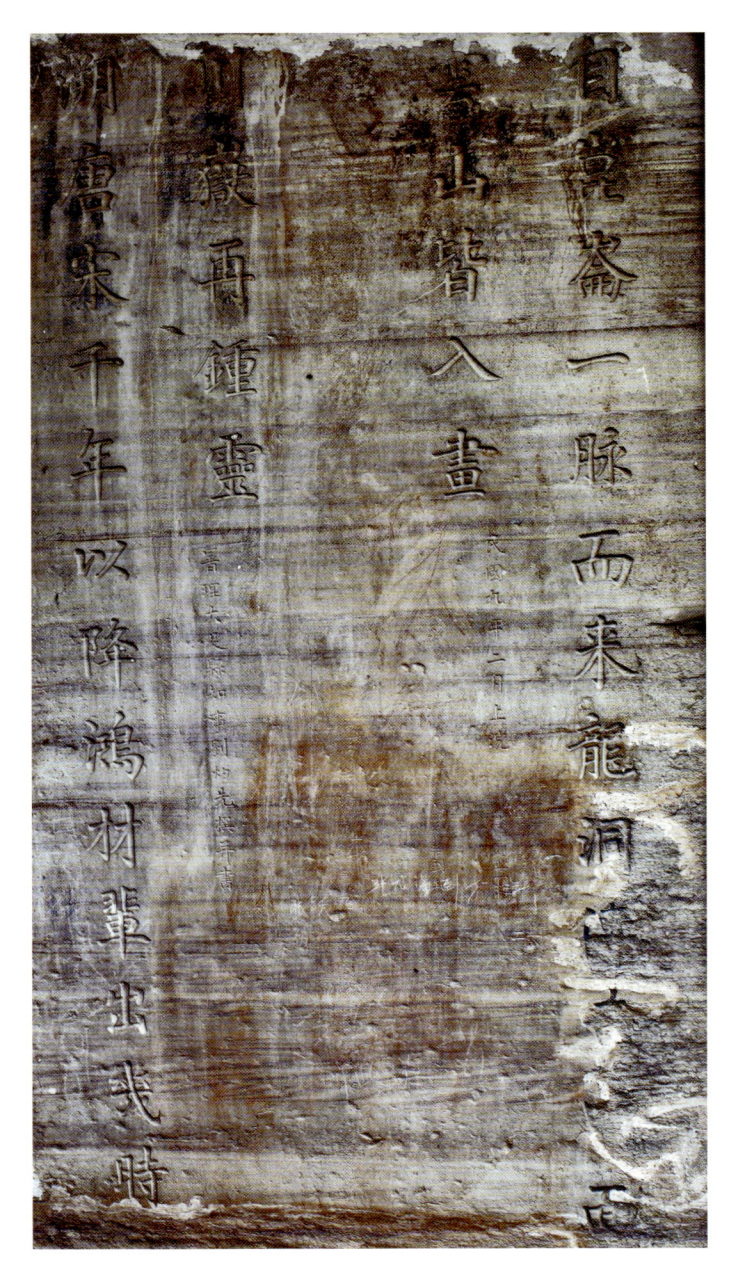

图版 119　南山第 14 号龛刘灼先撰楹联题刻　　　　　　　图版 119　南山第 14 号龛刘灼先撰楹联题刻

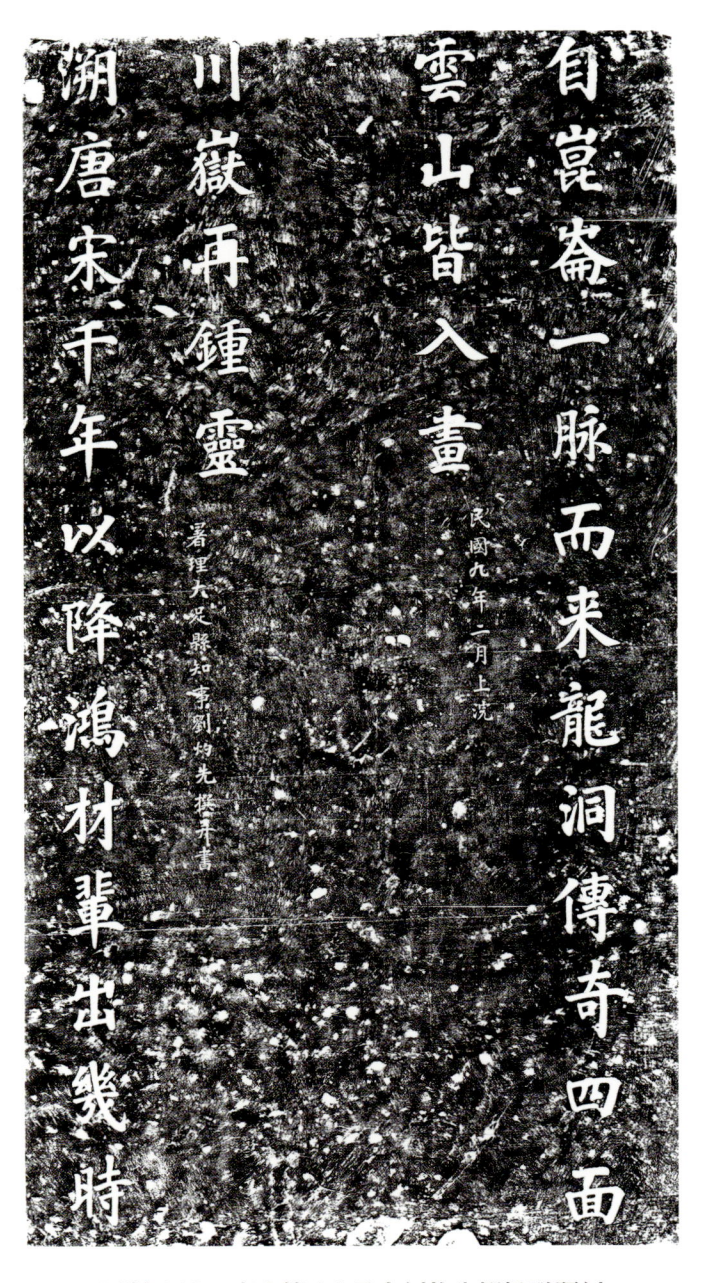

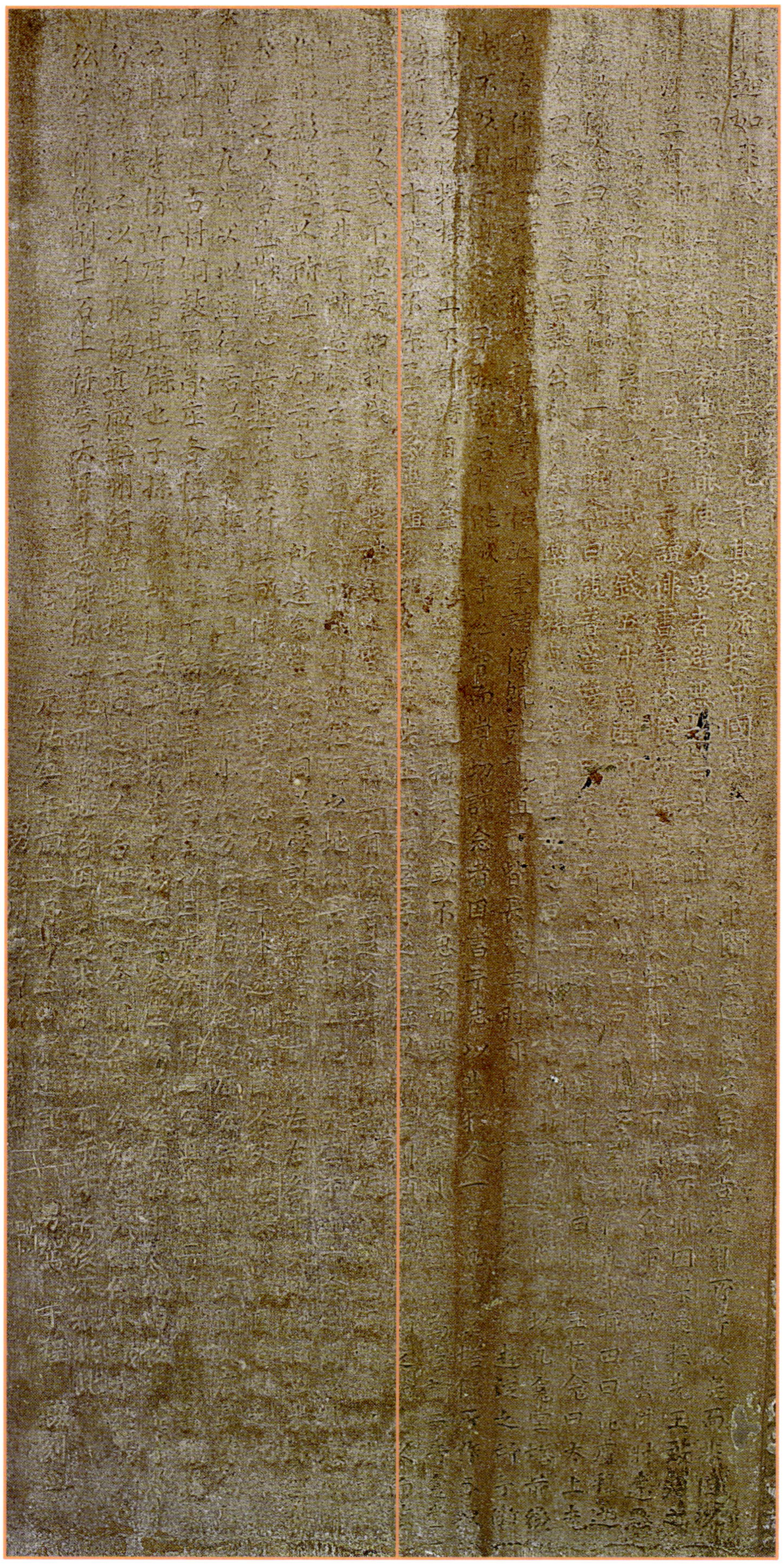

B　　A

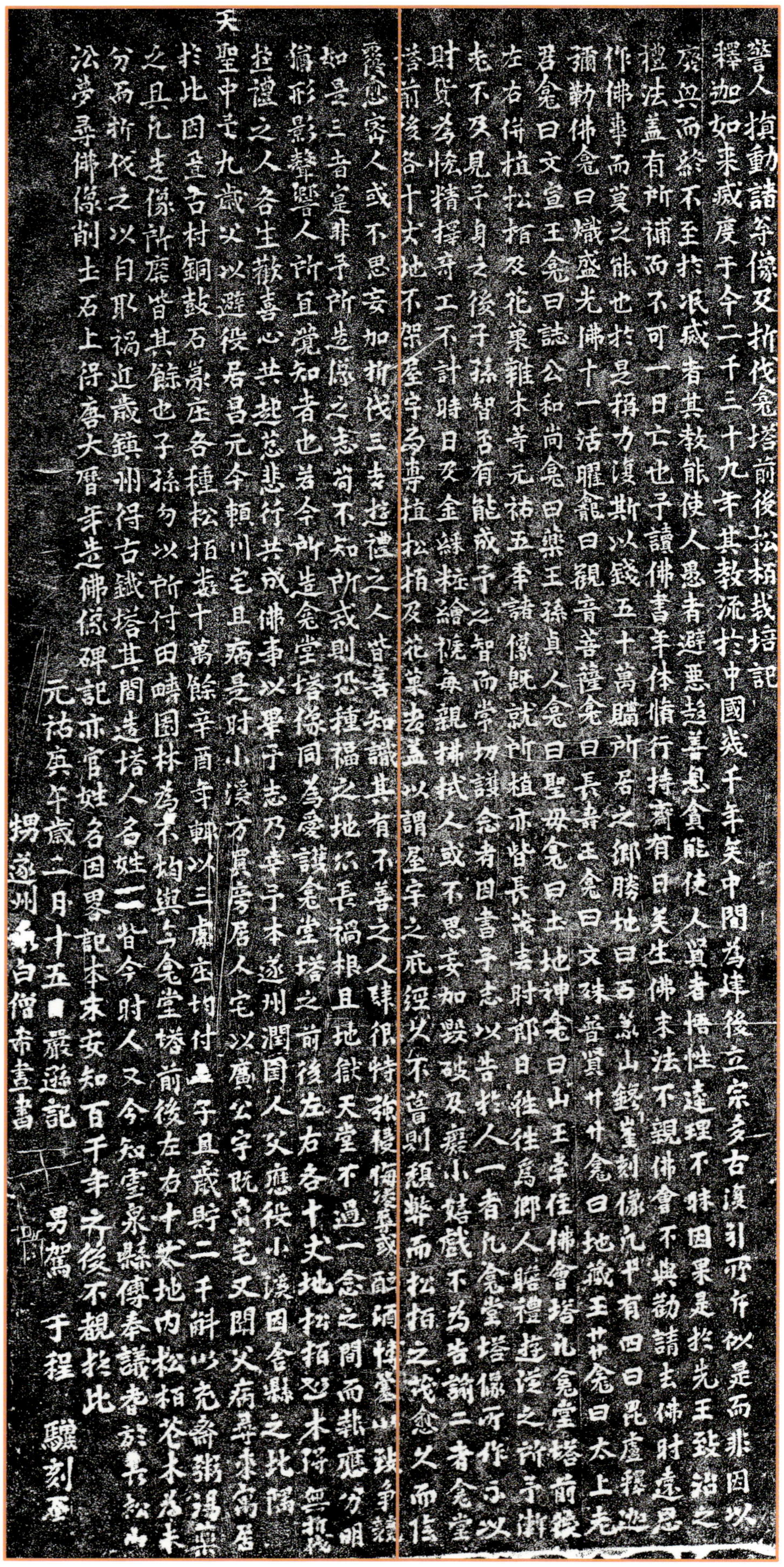

B　　A

图版 120　石篆山佛会寺警人损动诸尊像及折伐龛塔前后松柏栽培记碑

图版 120　石篆山佛会寺警人损动诸尊像及折伐龛塔前后松柏栽培记碑

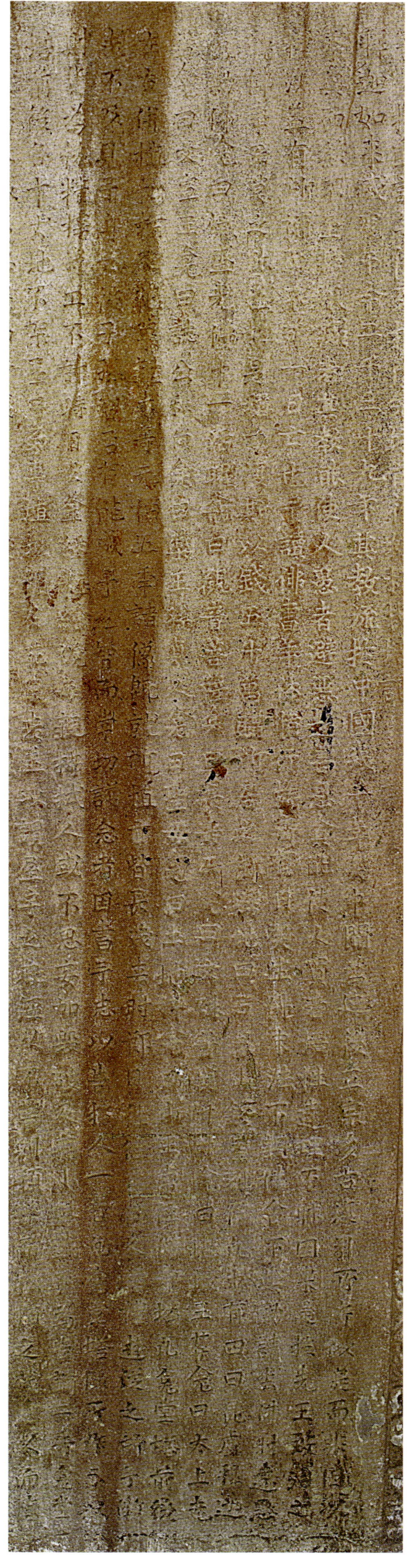

警人損動諸尊像及折伐龕塔前後松栢栽培記
釋迦如来威度于今二千二百十九年其教流於中國歲千年矣中間為蜂後立宗多古漢引亦所似是而非因以
殆旦而終於不至於泯滅者其教能使人賢者悟性達理不殊因果是於先王致治之
礼盖有所補而不亡也子讀佛書華体慣有曰美生佛末法不親佛會請去佛財遠思
作佛事而覺之能也於是揚力復斯以錢五十萬購地曰昆廬撰迦思
勒佛龕曰熾盛光誌公和尚龕曰觀音菩薩龕曰聖賢十六龕曰地藏王太上老
彌陀佛龕曰藥王龕元祐五祭諸皇人龕曰長壽玉龕曰山王幸住佛會塔龕堂之前
君龕曰文宣王龕曰土地神龕曰山王幸住佛會塔龕堂前後列
左右侍植松栢及花菓雖木等元其智否有能成子之後子孫亦長茂亦因書子以告
老不及見予身之後子孫智否有能成亦因書子志以告
財貨為俯惧精擇奇工不計時日及金綵繪像不思妄加毀破及額小孩戲不為告
前後各十天地不架屋宇為尊椎以謂屋宇之疪經久不營則預弊而松栢之茂愈久
塔前後各十天地不架屋宇為尊椎以謂屋宇之疪經久不營則預弊而松栢之茂愈久

图版120-1　石篆山佛会寺警人损动诸尊像及折伐龛塔前后松柏栽培记碑 A 组碑文

图版120-2 石篆山佛会寺警人损动诸尊像及折伐龛塔前后松柏栽培记碑B组碑文

述古蹟記

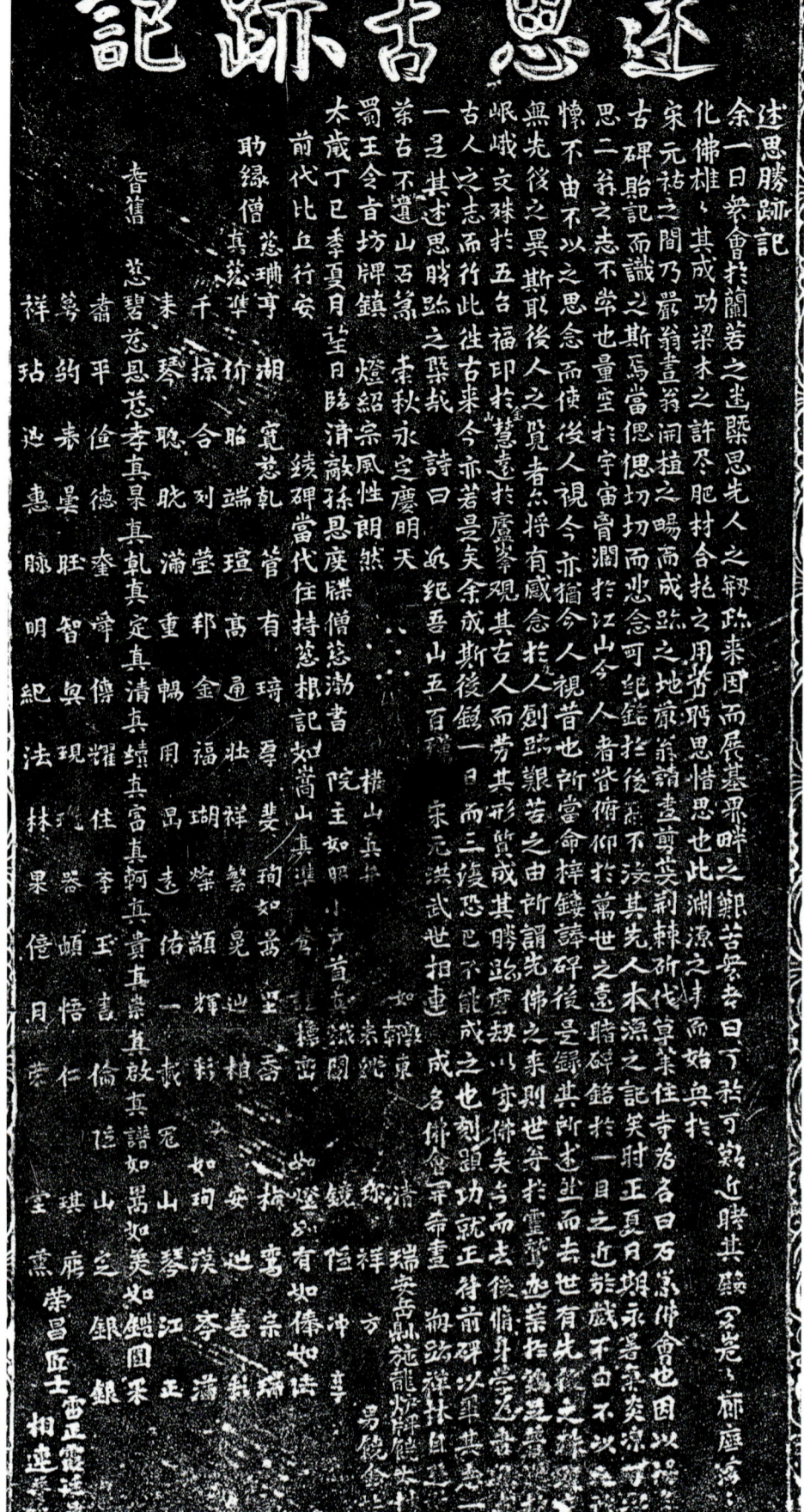

述勝蹟記

余一日癸會挂蘭若之岜膝思先人之墅玖來因而展墓界畔之
化佛榧々其成功梁木之造功盡木之許盡肥村合抱
佛椎々其成功梁木之間乃景翁莒聞插之賜髙成蹟之用替邢思也此渊源之特而始興
古碑貽記宋元祐之間乃景翁莒聞插之賜髙成蹟之地壤祈代草萊住芙時為各
思二者之不榮也量堂苻宇宙偶仰於江山今人者皆誚壹尊英剌輣所代草莱住芙時為各
悼不由不以之思念而使後人之覽者亦將有感念拈人所嘗俯於萬世之遠踰於
古人之志而行此往古來今亦若是矣余成斯其形蹋餘碎銘於一旦之近能所
一旦其述思勝蹟之縣栽 詩曰 岷峨文殊共五百福祈拈廬峯 縹鑄碑後是歸其所謂先佛世等拈一旦之近能不由
太歲丁巳夏月望日臨 宋秋永定慶明天 岷峨孫思度牒僧慈根記刻 世其所謂先佛世等拈靈鷲逝峯
蜀王令吉坊牌鎮 宗鳳性朗然 清廠孫恩度牒僧慈根記刻 嵩山真蹟宛
前代比丘行安 當代住持慈根 書 之峯與家則 昱後拈靈蹞峯
助錄僧 真惢 前   古不遺山石篆 二復恐其已不能成之也刻頭成名佛會
           院主如昭小戶首真 功就正特前碑以異其寿一
香積 琴胎湖 楷山真叟 海渤祥方纪
宣碧慈恩孝真果真 通管 斐琦知萬里   瑞安鼎施龍烆熊素叶
齋 琪滿軋定真 金福壯 繁晃迴如 正滿對瑞 旦饒合念
平 偀晙重邦 用昌瑚祥 如如蒼宗 寧
鶚 奎傅 清真 現佳果器 王晝 安珂迴彩 如
赤 昊智 暢真蜻真富真 倚李輝真倫 宕山有如 鎰逢
德 智與 朝真貴真啓真 隱 檢山如儔江 孝 淀羅
旺脈 頓 諧仁宕 如畀如美如魁 亭 浮湲
明紀 月悟 琪山熏銀回采 宗正 銹對瑞
法   榮昌匠士
林   相迺逹
                  靈霊蓮

图版122　石篆山"佛会之塔"塔名题刻

图版122　石篆山"佛会之塔"塔名题刻

图版123　石篆山佛会之塔第一级塔身僧志容装彩观音等像镌记

图版123　石篆山佛会之塔第一级塔身僧志容装彩观音等像镌记（2016年拓）

图版 124　石篆山佛会之塔残记

图版 124　石篆山佛会之塔残记

图版 125　石篆山寺第 1 号龛吴三五题名右侧镌记

图版 125　石篆山寺第 1 号龛吴三五题名右侧镌记（2016 年拓）

Ⅱ 铭文图版　433

图版 126　石篆山寺第 1 号龛吴三五题名左侧镌记　　　　　　　图版 126　石篆山寺第 1 号龛吴三五题名左侧镌记（2016 年拓）

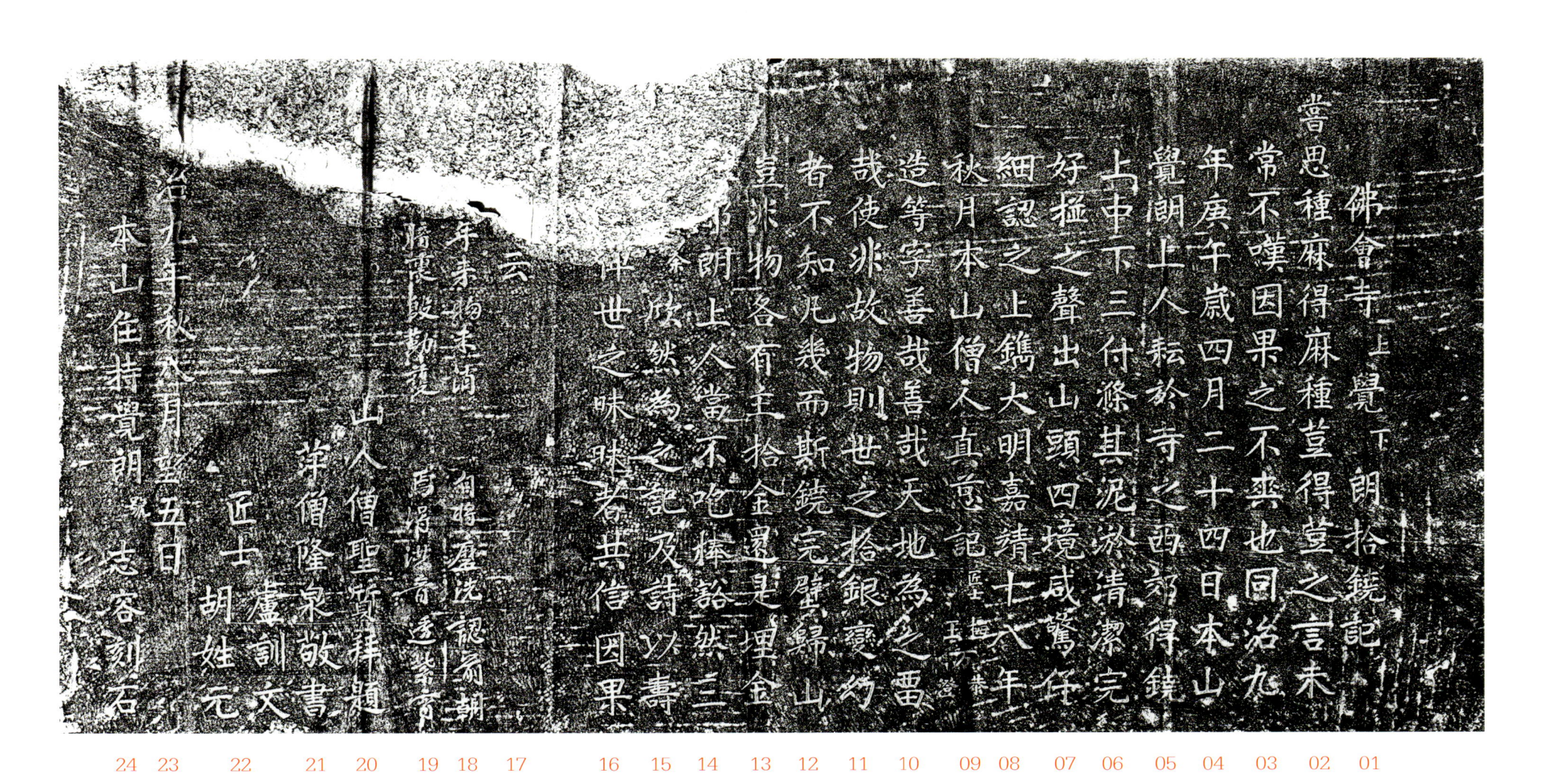

图版127　石篆山寺第2号佛会寺上觉下朗拾镜记

图版 128　石篆山寺第 3 号僧神锋书"蕴翠"题刻及僧文彬题七言诗

图版 128　石篆山寺第 3 号僧神锋书"蕴翠"题刻及僧文彬题七言诗

05　　　04　　　03　　　02　　　01

图版 129　石篆山寺第 4 号龛铭宗镌观音像记（2009 年摄）

07　06　05　04　03　02　01

图版 130　石篆山子母殿西第 1 号僧圣质"题崖窝古楼"诗

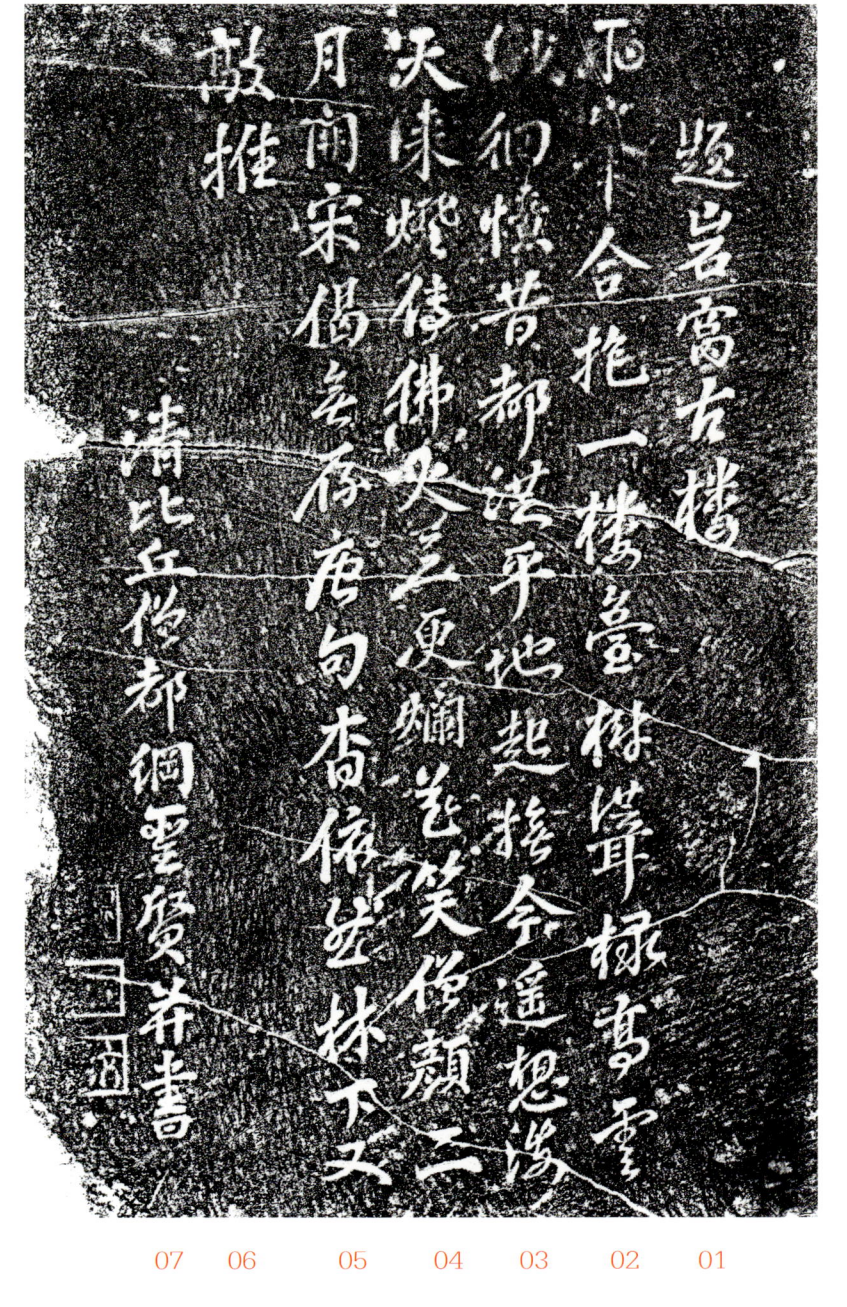

07　06　05　04　03　02　01

图版 130　石篆山子母殿西第 1 号僧圣质"题崖窝古楼"诗

Ⅱ 铭文图版　437

图版 131　石篆山子母殿西第 2 号僧圣质书"白石青山"题刻

图版 131　石篆山子母殿西第 2 号僧圣质书"白石青山"题刻

图版 132　石篆山子母殿西第 5 号比丘慈琴栽植柏树记　　　　　图版 132　石篆山子母殿西第 5 号比丘慈琴栽植柏树记

12　11　10　09　08　07　06　05　04　03　02　01

图版133　石篆山子母殿东第3号残诗碑

12　11　10　09　08　07　06　05　04　03　02　01

图版133　石篆山子母殿东第3号残诗碑

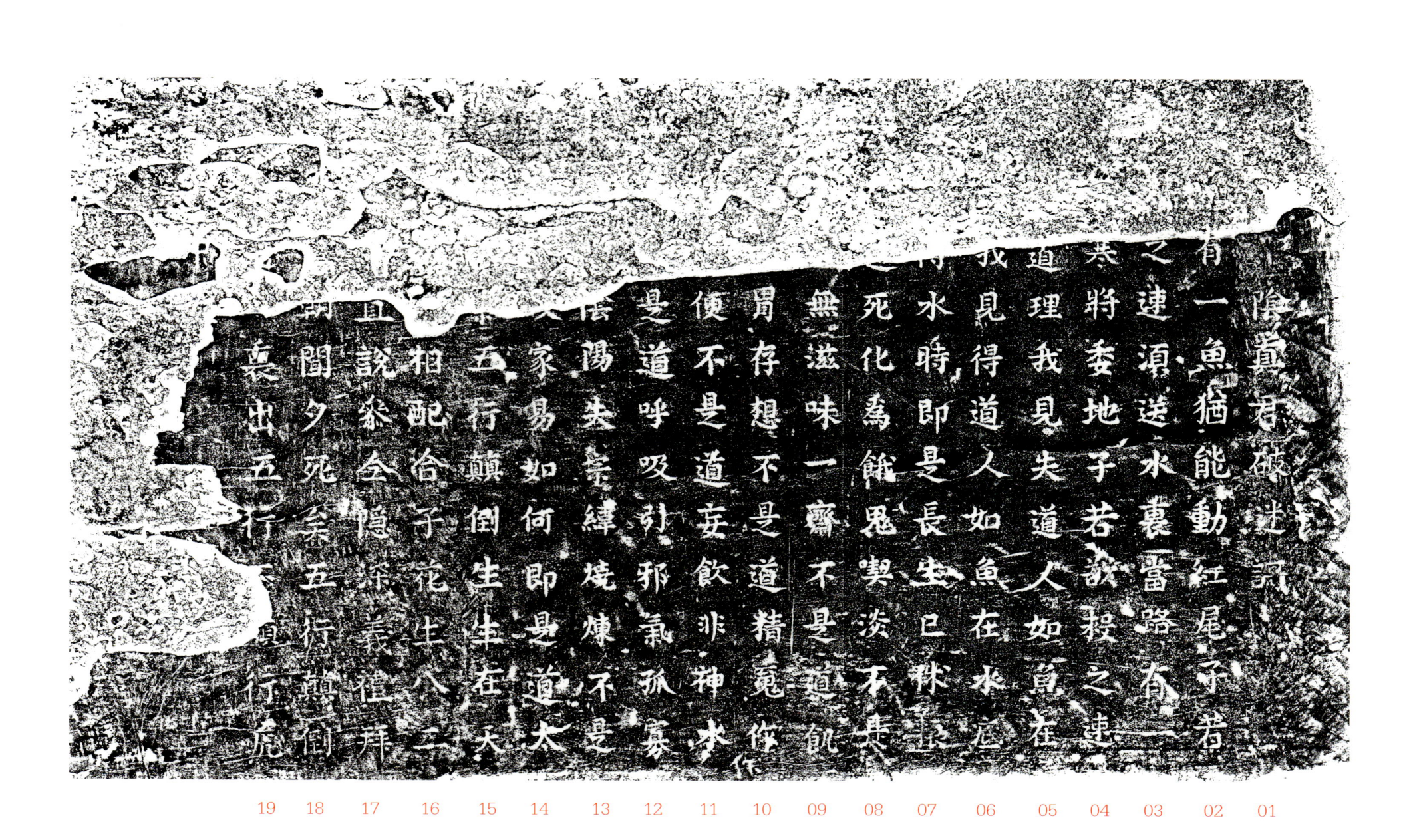

图版134　石篆山子母殿东第6号佚名刻"破迷歌"碑

掉常住田

粤自天竺遺經上方垂教之始爐停梵剎版建聖觀森嚴古跡昭然法相儼赫奕泊于兵戎益田地一分界銷田回院已歸禪蔭左陽之代庄田完租納不出

寧府洞掉常住田碑序國多曾首趙維元氏兩起泰羅氏一藏世界公衆倣之光得買王成兩鑊失逈契約狂妙支馬恩尺承無迎漾以蓋隨稱雀不出

集鑿功以此為聚為集合厚恃衆僧俗有凭廣徠以補二百餘金锭三才良九十餘兩然鐵兩縀灰坦欄功悉因慕衆以蓋隨稱催糧不出

獻敕掉约僧工煅聖建觀森嚴古跡昭補三才良九十餘兩然鐵兩縀灰坦功悉因慕衆以蓋隨稱催糧不出

於后会合每苦無藉者等慕化二百餘金锭三才良買王成

会首胡思元珀 二兩

会首朝趙元 二兩

会首胡廷彩 一兩

会首李神梁 二兩

会首張圍海 二兩子廖雲飛楊五 員胡思張

会首月學聖 二兩王自新良邵呉氏 孫

会首刘鳳山 三才趙時仕福能音倫助

会首楊進呂 何學朱 載劉天佑 倫

会雄二十五年歲在庚辰六月二十八日卓洪城卽

图版135 石门山南侧石柱东北面余源□书《掉常住田》碑

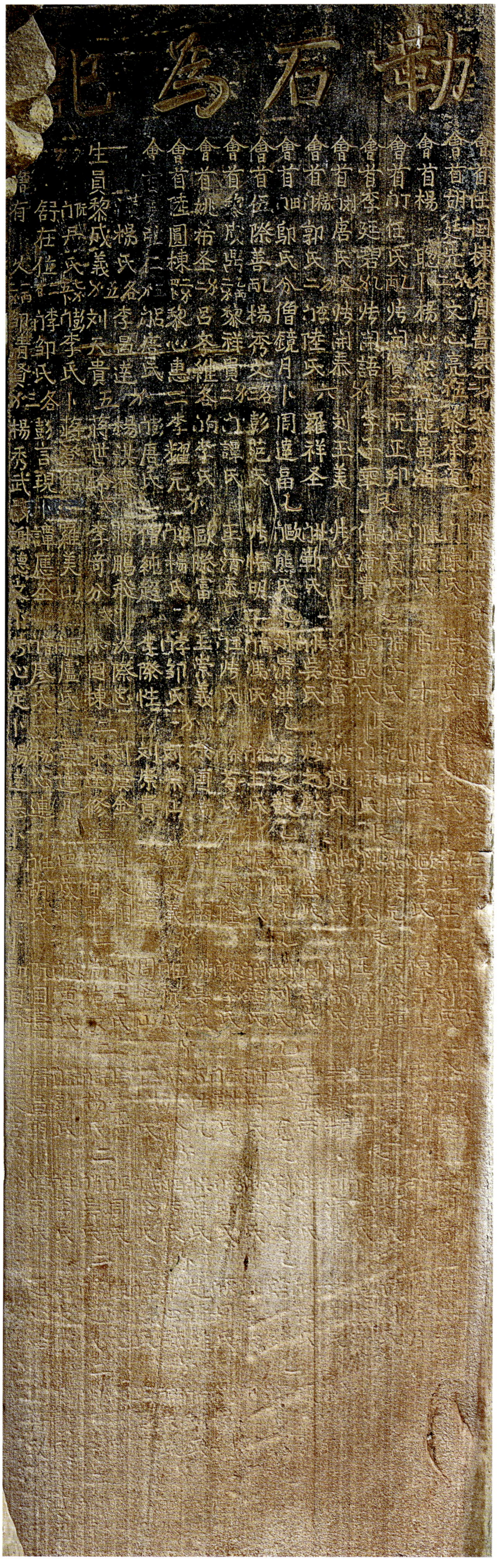

图版 136 石门山南侧石柱东南面《勒石为记》捐资碑 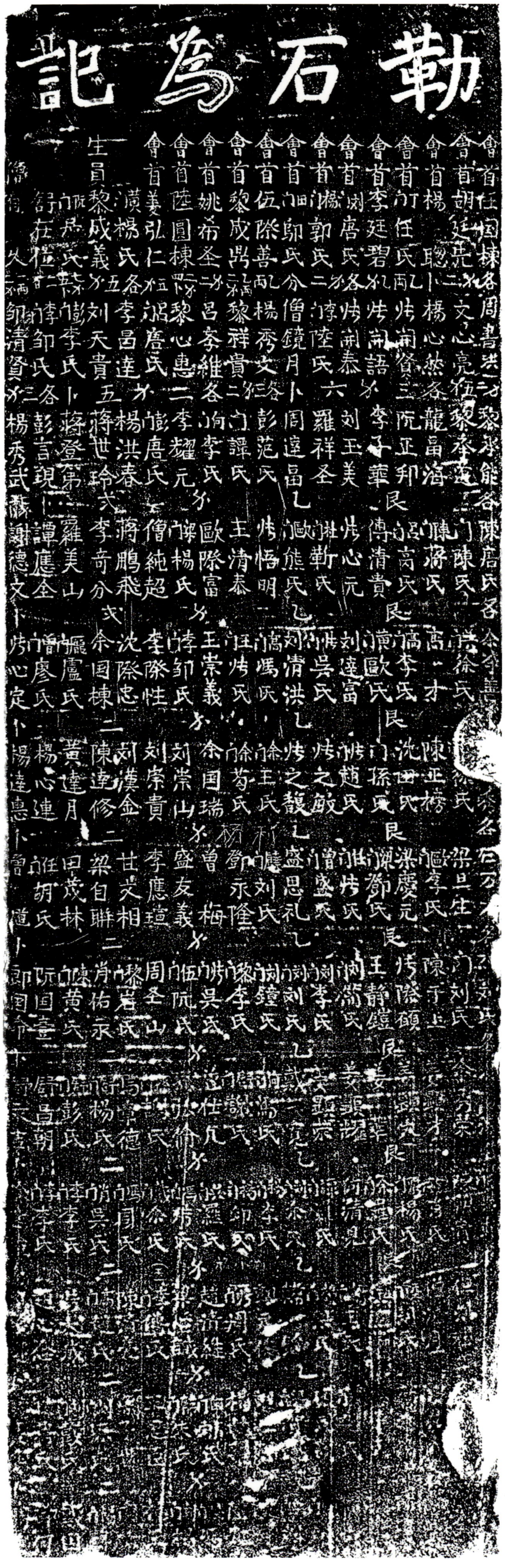　　　　　　图版 136 石门山南侧石柱东南面《勒石为记》捐资碑（2015 年拓）

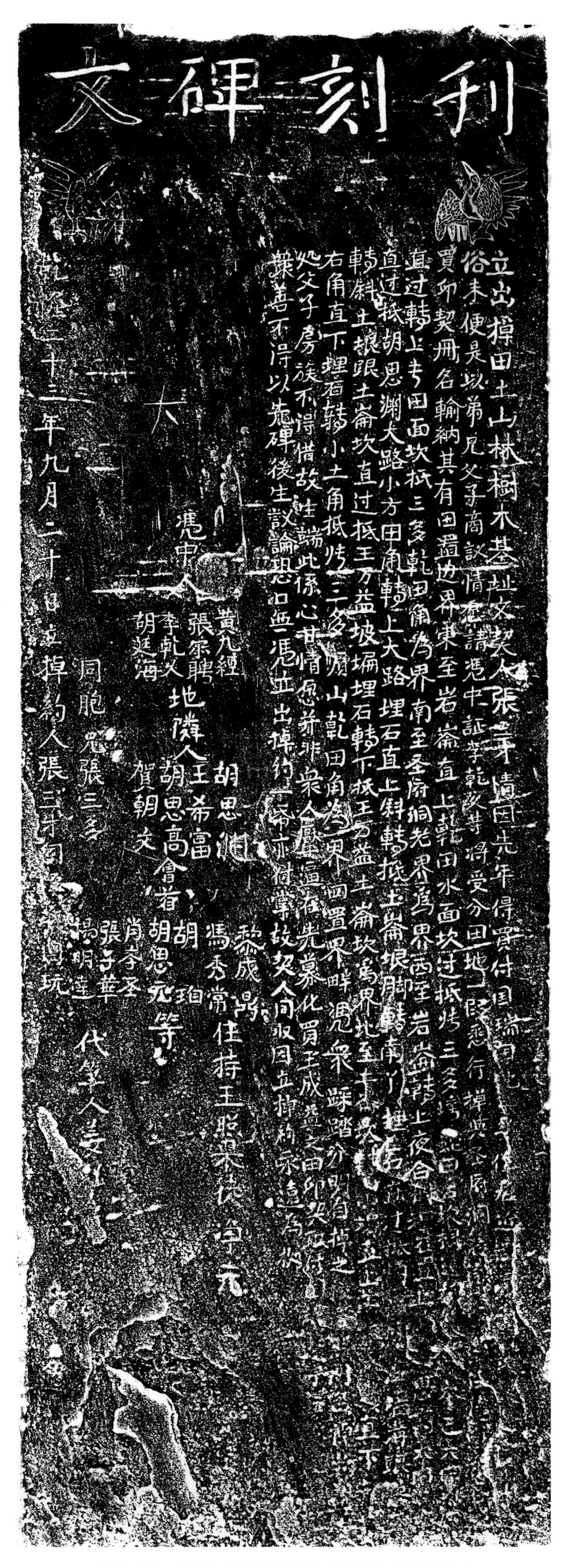

图版 137　石门山南侧石柱西南面姜□□撰《刊刻碑文》

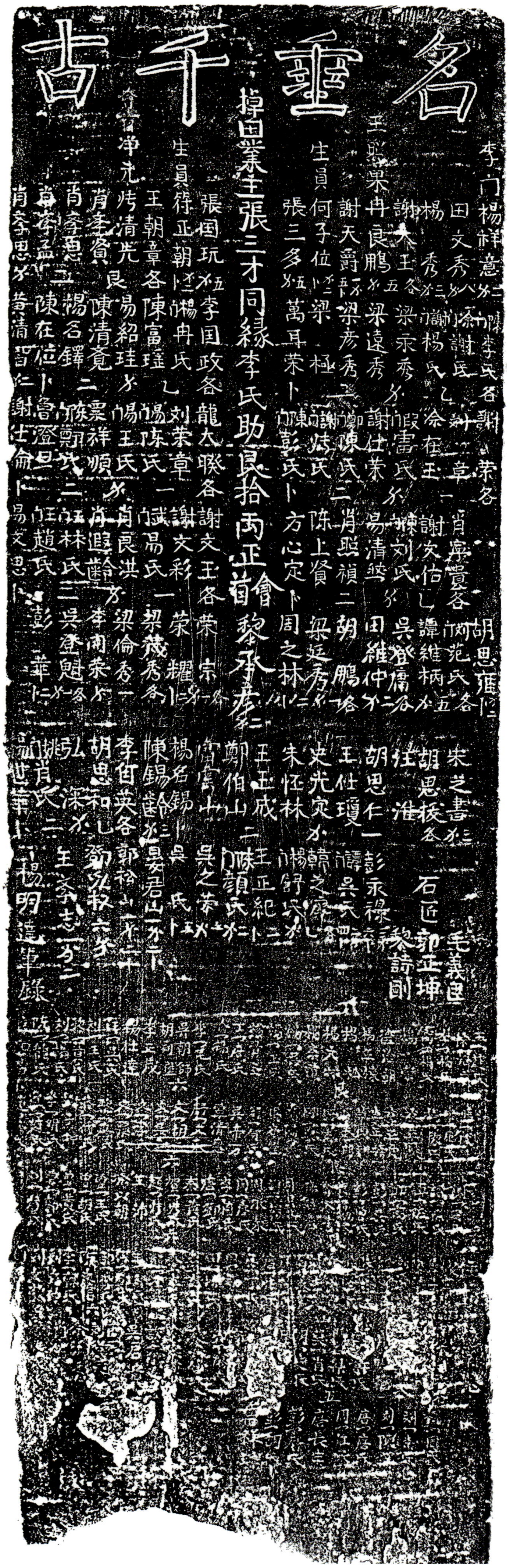

图版 138　石门山南侧石柱西北面《名垂千古》捐资碑

常住田碑

重慶府大足縣加三級正堂張

古云寶頂名山圓覺勝境前有玉峯高聳後有天池深潤接四景之峯嵯峨邑城之盛豈無古喧焚獻之無資有心者識將來之此廬有生之大崇勝地不勤地公候張公公此盛德事也予未捐在人耳目余復何贅爲勸廠善舉他若勝地之嵯峨神此之赫夷昭更張昭明各薦福寺僧碧峯明徒秀能叶善功為明餘

捐資銀壹拾貳兩

會首蔣禮漢助良五分
會首杜淮助良乙兩三分
會首楊秀助良三分二卜
會首王在位助良二分四卜
會首李茂德助良五分
會首萬繼盛助良五分二卜
會首郭子錫朝助良五分二卜
會首吳登朝助良乙分二卜

太清乾隆拾陸年辛未季夏月上十二日吉旦立員何資望

图版139 石门山东侧石柱西南面舒宏明撰《圣府洞置常住田碑序》

图版 140　石门山东侧石柱西北面《永远万古》捐资碑 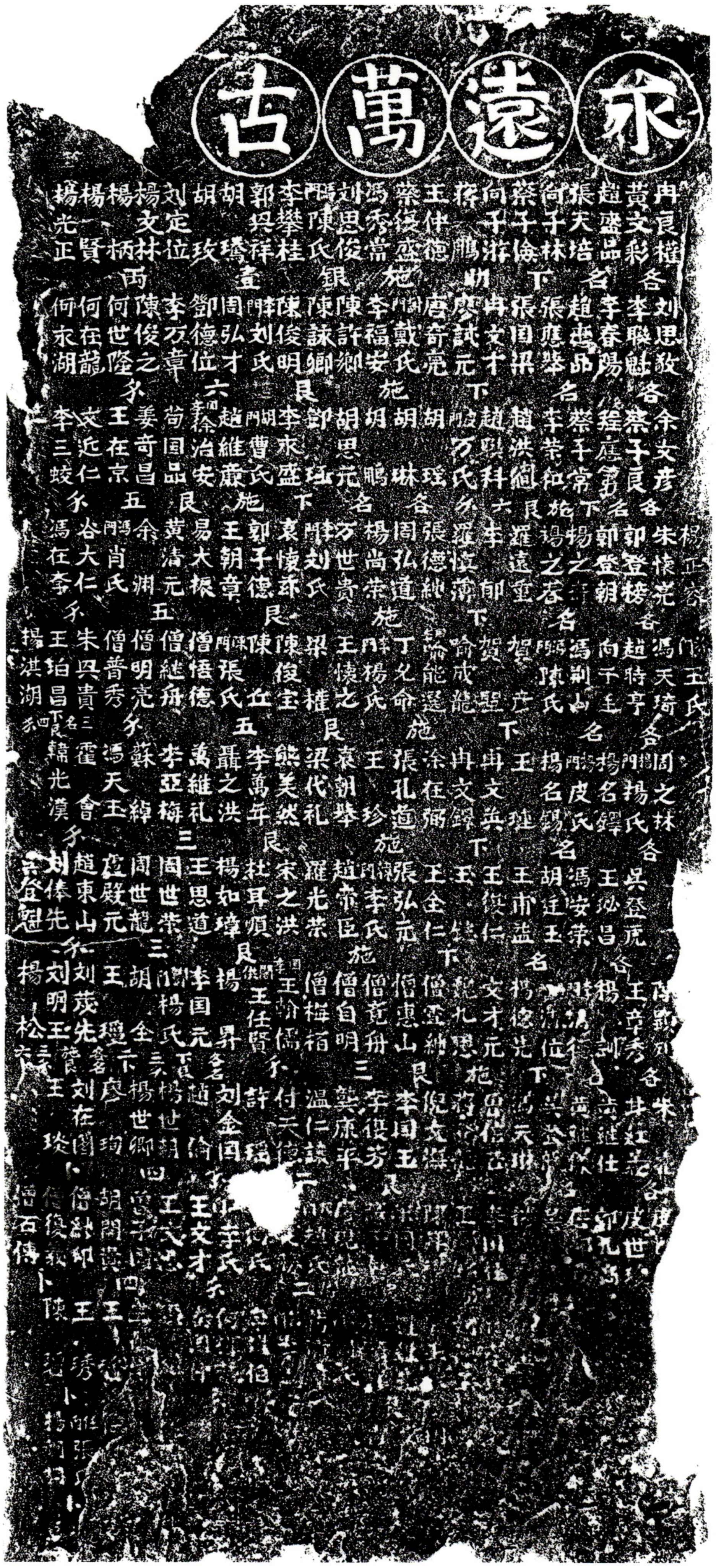　　　　　图版 140　石门山东侧石柱西北面《永远万古》捐资碑（2015 年拓）

契約存照

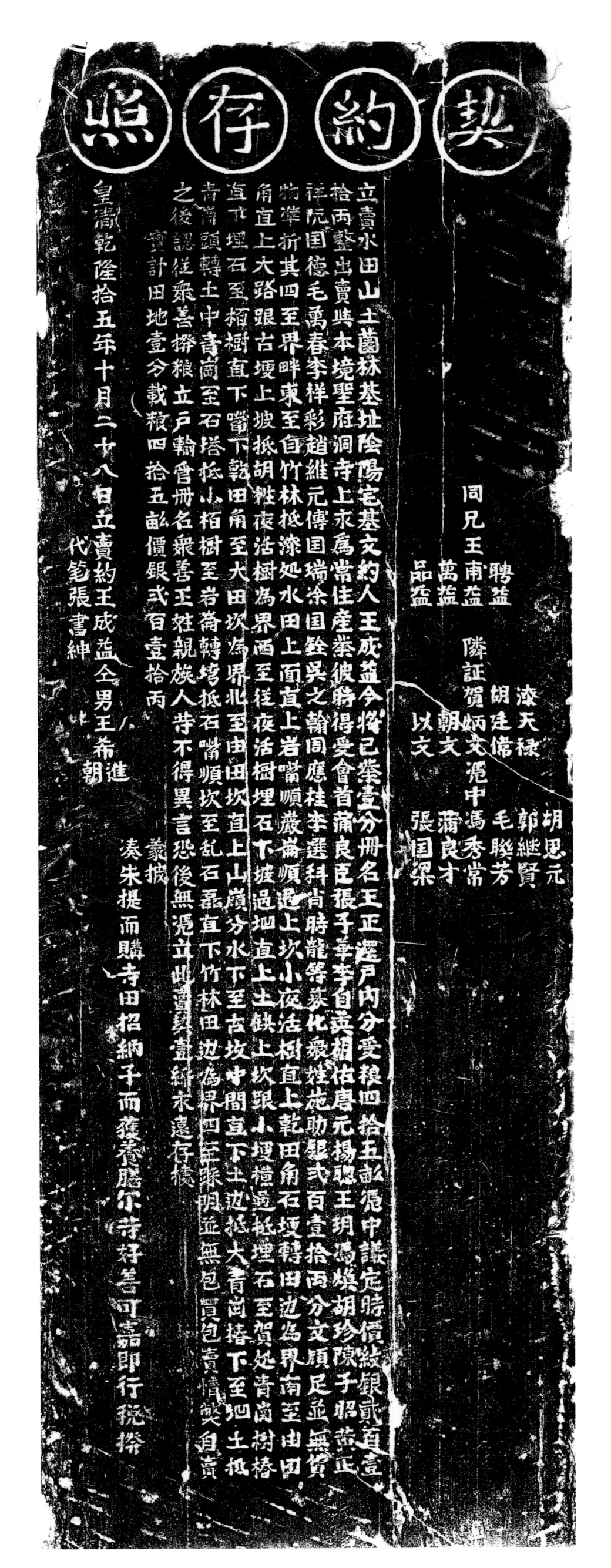

立賣水田山土蘭林基址陰陽宅基文約人王成益今將已蒙壹分冊名王正澤戶內分受糧四拾玉畝憑中議定時價紋銀貳百壹
拾丙整出賣與本境聖庭洞寺上永為常住產業彼時得受會首蒲良臣張子華李自賣胡佑恩元楊聰王瑚馮烒胡珍陳于昭蒙正
拾院國德毛禹春李祥彩趙維元傅國銓吳之翰問應桂李選科肖時龍等募化眾姓施助銀式百壹拾丙分文顧足並無賈
物舉折其四至界畔東至自竹林抵漆處水田上面直上岩嶺崙順迤上坎樹直上乾田角石埂轉田邊為界南至自田
角直上大路跟古埂上坡抵胡桂茂樹為界西至徑夜活樹埋石下堓田角石埂轉田邊為界南至由田
直上埋石至攜樹直下塹下乾田角至大田坎由田直上山嶺分水下至古坎中間直下土邊抵大青岡椿下至烟土抵
青頭轉土中青岡至石塔抵胡嘴順坎至乱石磊直下竹林田邊為界四至張明並無包買包賣情契自賣
之後認從眾善撐粮立戶翰曾冊名眾善王姓親族人寺不得異言恐後無凭立此賣契壹紙求遠存懷
實計田地壹分載粮四拾玉畝價銀式百壹拾丙

蒙撥
湊朱提而購寺田招納千而穫養膳尔寺好善可嘉即行稅撐

皇憲乾隆拾五年十月二十八日立賣約王成益 仝男王希進
代筆張書紳

同兄王甫益　聘益　隣証賀炳文　漆天祿　胡思元
　　　萬益　　　　胡廷佛　　　毛聰常　郭繼賢
品益　　　　以朝文　蒲良秀　　　張國梁

图版 142　石门山东侧石柱东南面《圣府洞记》碑　　　　　图版 142　石门山东侧石柱东南面《圣府洞记》碑（2015年拓）

图版143　石门山香炉第二级左面捐资题名碑

图版143　石门山香炉第二级左面捐资题名碑（2016年拓）

图版144　石门山香炉第二级右面捐资题名碑

图版144　石门山香炉第二级右面捐资题名碑（2016年拓）

图版 145　石门山香炉第三级正面题刻

图版 145　石门山香炉第三级正面题刻（2016年拓）

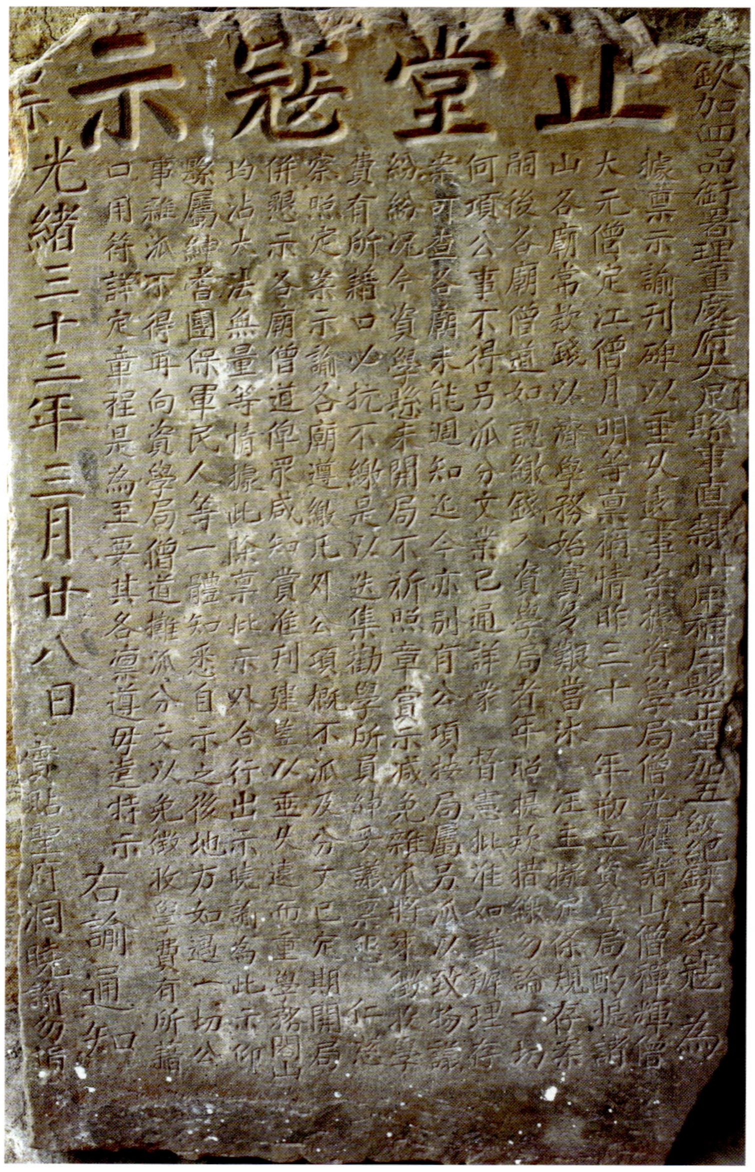

18 17 16 15 14 13 12 11 10 09 08 07 06 05 04 03 02 01

图版 146　石门山《正堂寇示》碑

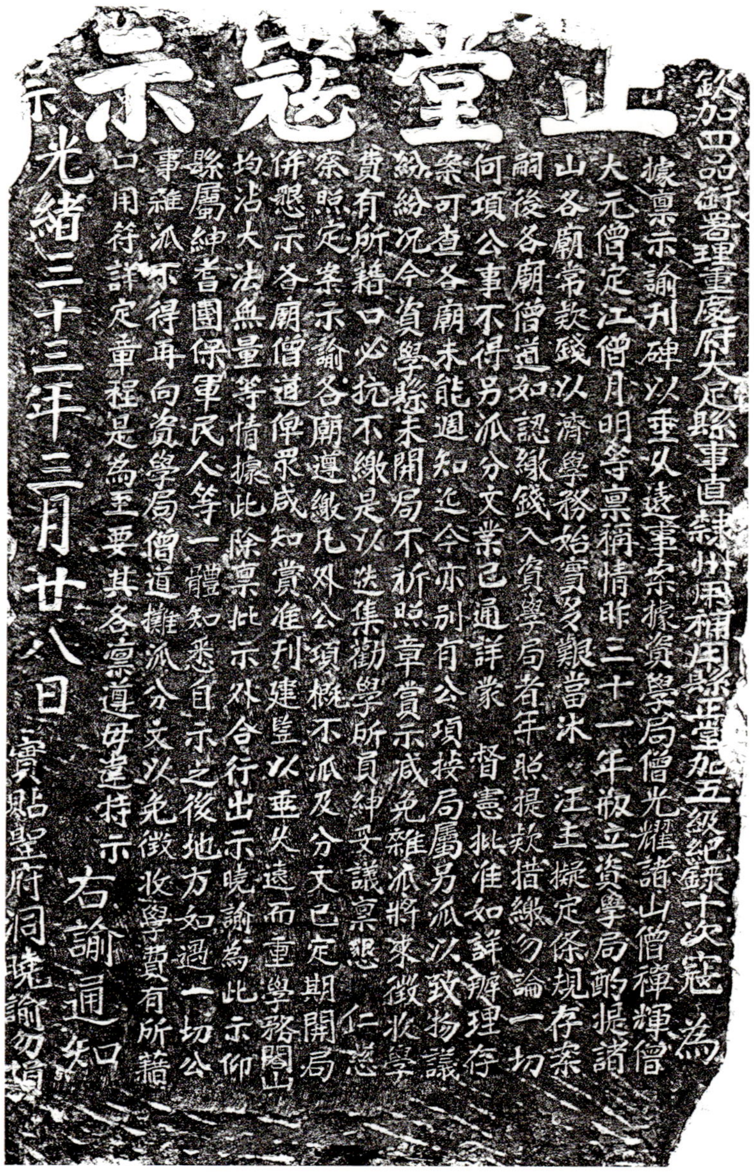

18 17 16 15 14 13 12 11 10 09 08 07 06 05 04 03 02 01

图版 146　石门山《正堂寇示》碑（2015年拓）

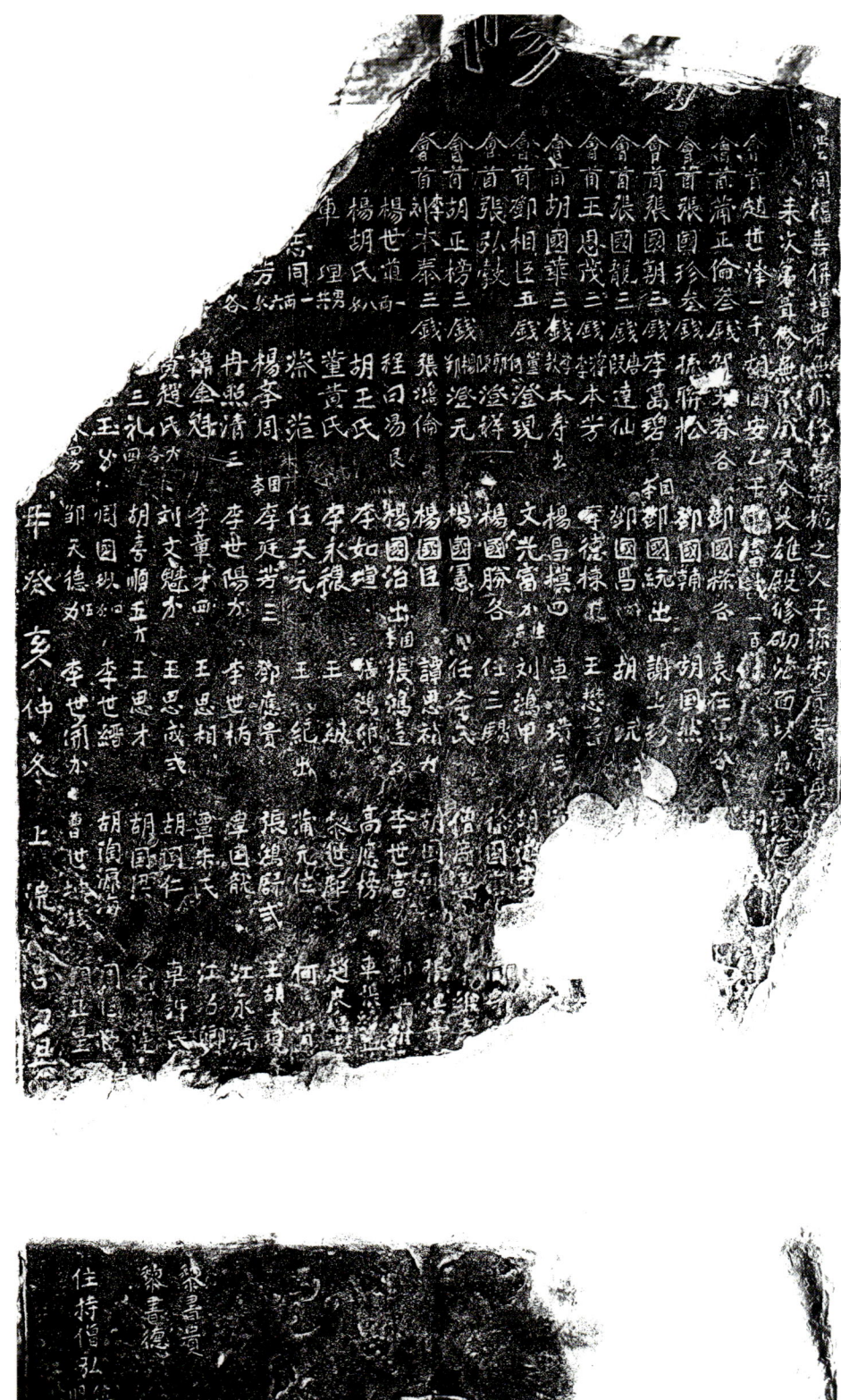

图版 147　石门山癸亥功德碑　　　　　　　　　　　　图版 147　石门山癸亥功德碑（2016年拓）

图版 148　石门山乾隆装塑碑

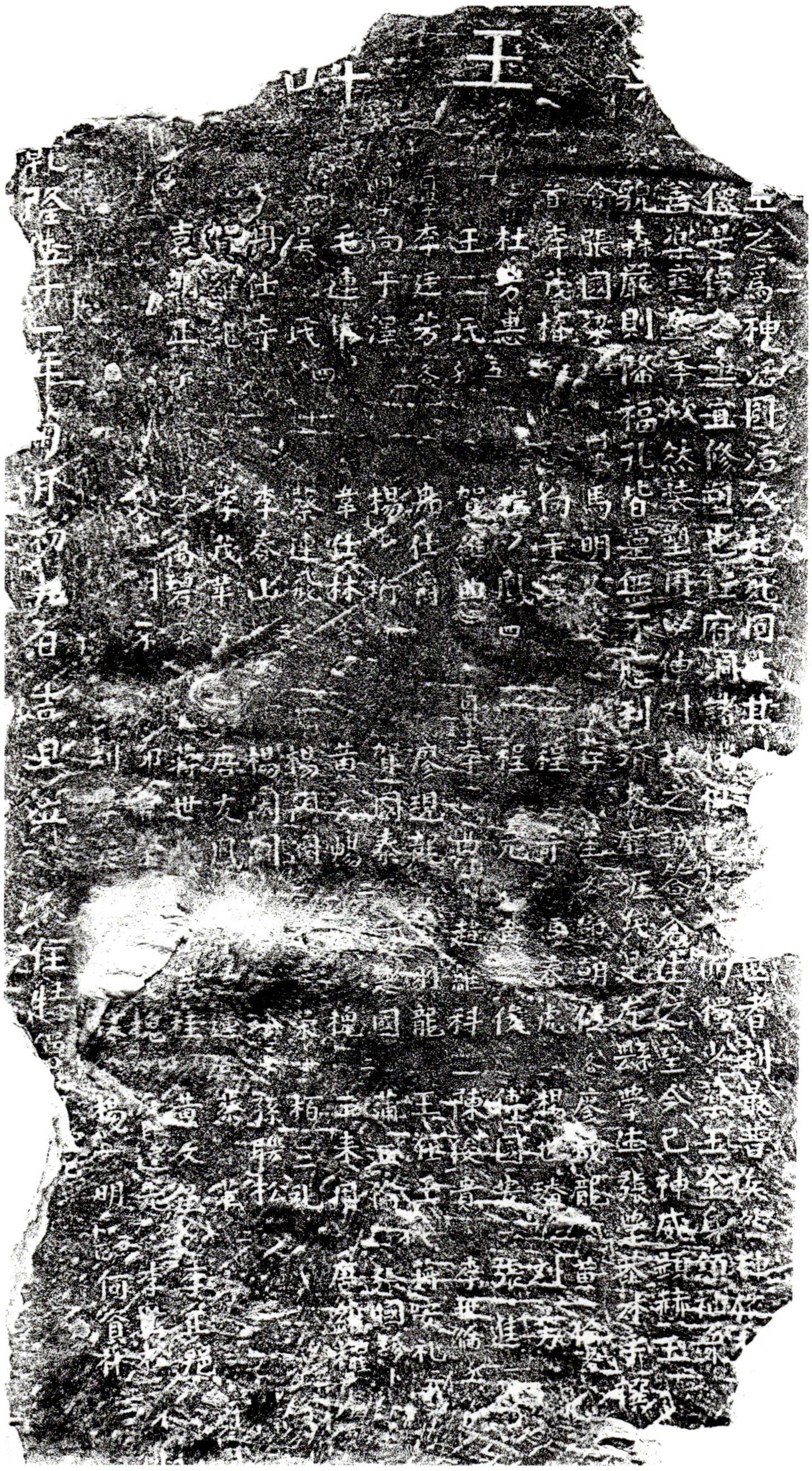

图版 148　石门山乾隆装塑碑（2016 年拓）

图版 149　石门山圣府洞寺大殿明间装塑燃灯古佛纠察灵官碑记

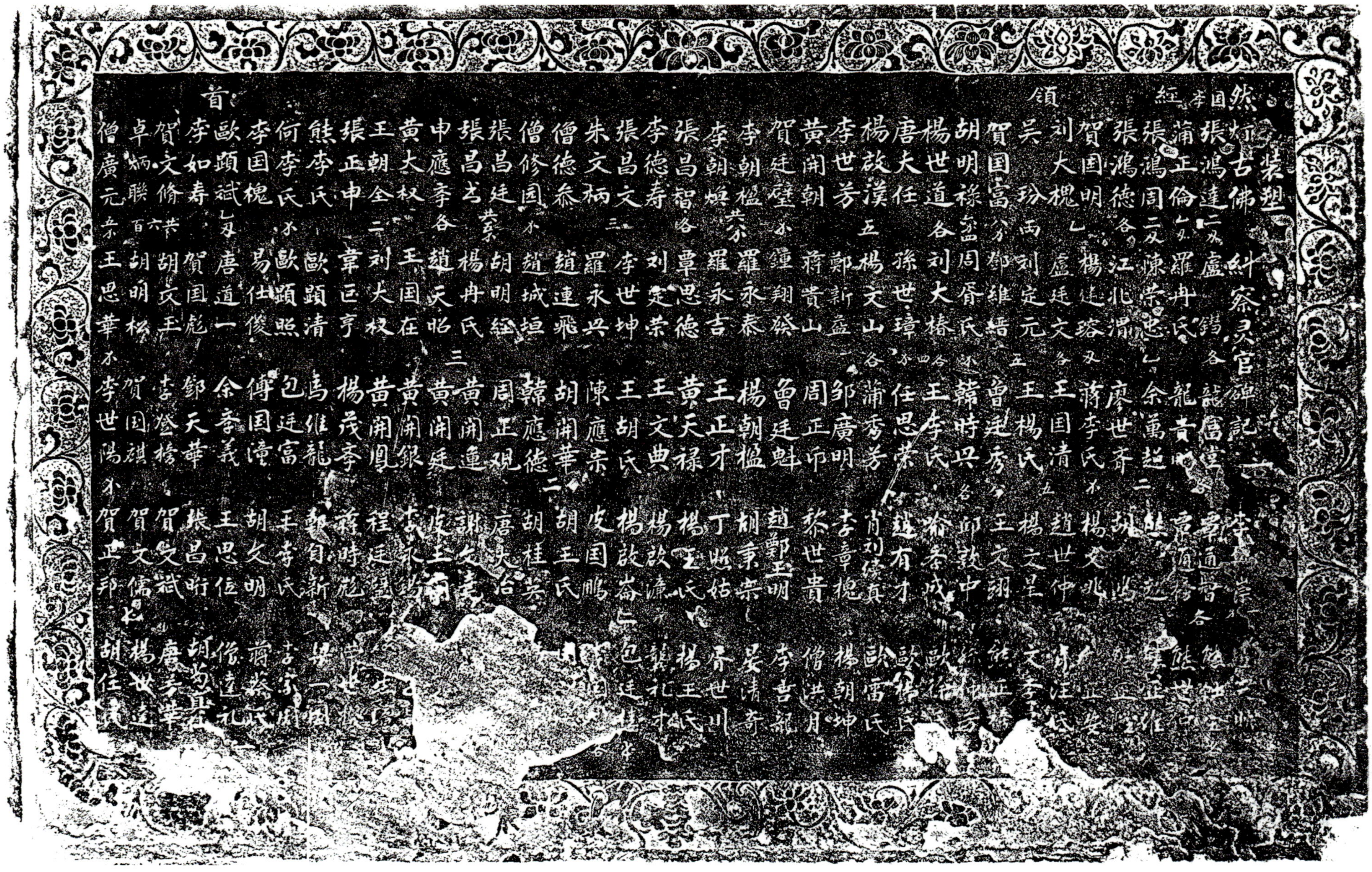

图版 149　石门山圣府洞寺大殿明间装塑燃灯古佛纠察灵官碑记（2015 年拓）

图版 150　石门山圣府洞寺大殿明间捐资题名碑

图版150　石门山圣府洞寺大殿明间捐资题名碑（2015年拓）

图书在版编目（CIP）数据

石篆山、石门山、南山石窟考古报告. 下册 / 黎方银主编；大足石刻研究院编. —重庆：重庆出版社，2017.11

（大足石刻全集. 第五卷）

ISBN 978-7-229-12685-8

Ⅰ.①石… Ⅱ.①黎… ②大… Ⅲ.①大足石窟－考古发掘－发掘报告
Ⅳ.①K879.275

中国版本图书馆 CIP 数据核字 (2017) 第 228193 号

石篆山、石门山、南山石窟考古报告 下册
SHIZHUANSHAN SHIMENSHAN NANSHAN SHIKU KAOGU BAOGAO XIACE

黎方银 主编　　大足石刻研究院 编

总策划：郭　宜　黎方银
责任编辑：王怀龙　王　娟
美术编辑：郑文武　王　娟　周　瑜　吕文成　王　远
责任校对：谭荷芳
装帧设计：胡靳一　郑文武
排　　版：冉　潇　黄　淦

重庆出版集团 出版
重庆出版社

重庆市南岸区南滨路162号1幢　邮政编码：400061　http://www.cqph.com
重庆新金雅迪艺术印刷有限公司印制
重庆出版集团图书发行有限公司发行
E-MAIL:fxchu@cqph.com　邮购电话：023-61520646
全国新华书店经销

开本：889mm×1194mm　1/8　印张：59.5
2017年11月第1版　2017年11月第1次印刷
ISBN 978-7-229-12685-8
定价：2100.00元

如有印装质量问题，请向本集团图书发行有限公司调换：023-61520678

版权所有　侵权必究